Das große
Ursel Scheffler
Vorlese-Buch

Gute-Nacht-Geschichten

zusammengestellt von
Ilona Einwohlt

KeRLE
bei Herder

Freiburg • Wien • Basel

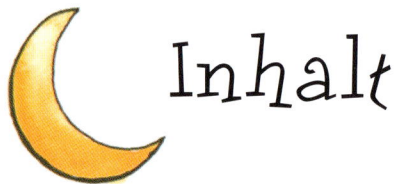# Inhalt

Die Kopfkissenrakete

Max kann nicht einschlafen. Immer wieder wandern seine Gedanken zum Mann im Mond hinauf. Ganz alleine ist der arme Mann, denkt Max. Und schon so lange! Ich würde ihn zu gern mal besuchen! Das Mondlicht scheint hell durch die Gardinen. Es zeichnet eine silberne Straße auf den Kinderzimmerboden. Ich könnte mich auf den Mond hinaufbeamen, wie neulich die Weltraumpiraten im Fernsehfilm, überlegt Max. Er schließt die Augen.

Schon rast er auf einem Mondstrahl mit Ultra-Traumgeschwindigkeit auf seiner Kopfkissen-Rakete durchs Weltall. Er landet weich auf dem Mond.

„Mann im Mond! Wo bist du?", ruft Max und klopft sich den Mondstaub aus dem Schlafanzug. Nichts rührt sich.

„Keine Angst, ich bin's bloß, der Max."

„Da bist du ja endlich!", sagt eine sanfte Stimme, die gar nicht zu dem zottigen grauen Riesen passt, der jetzt hinter einem Mondstein hervorkommt. „Ich habe schon lange auf dich gewartet."

Max erschrickt. Oje! So groß hat er sich den Mann im Mond nicht vorgestellt.

„Keine Angst!", sagt der graue Riese. „Ich tu dir nichts. Ich möchte nur ein bisschen mit dir spielen! Es ist sooo langweilig hier oben."

„Spielen?", sagt Max. Er sieht sich um. Nun, da ist wirklich nicht sehr viel, womit man spielen kann. Hauptsächlich Staub und Steine, die so langweilig aussehen wie der Riese selber. Aber Max hat Fantasie und deshalb fällt ihm einiges ein: sie spielen Mondstein-Boccia, Steinburg-bauen, Mondkraterkullern, Kästchenhüpfen, Fangen und Verstecken …

„Kommst du bald wieder?", fragt der Mondriese beim Abschied.

„Bald!", verspricht Max. Dann träumt er sich mit seiner ultraschnellen Kopfkissen-Rakete wieder ins Bett zurück.

Der Mondkutschentraum

 Früher hat Kati immer gedacht, dass sie nicht träumen kann, aber seit sie das Traumkistchen neben ihrem Bett stehen hat, kommen die Träume wie von selbst. So ist es auch an diesem Abend. Kaum hat sie die Augen zugemacht, kommt der Traum schon zur Tür herein. Auf Katzenpfoten. Es ist Herr Schnurz, der Kater von nebenan. Er hat sich als Gestiefelter Kater verkleidet.

„Was hast du denn vor?", erkundigt sich Kati belustigt.

„Ich geh zu einem Kostümfest. Kommst du mit?"

„Da muss ich mich ja verkleiden."

„Das ist ja das Lustige daran", sagt Herr Schnurz. „Es ist ein Märchenkarneval. Ich gehe als Gestiefelter Kater, wie man sieht!" Er macht eine elegante Drehung und schwenkt seinen Hut. „Könntest du mir noch einen Samtumhang besorgen?"

„Einen Samtumhang?" Kati überlegt. „Vielleicht ein Stück von Omas alter roter Samtgardine? Komm, wir sehen in der Stoffkiste im Bügelzimmer nach!"

Gemeinsam kramen sie nach Omas Samtvorhang.

„Da ist er ja!", ruft Kati. Sie schneidet oben beim Kräuselband ein Stück vom Vorhang ab. Dann zieht sie das Band noch ein wenig enger zusammen. Schon hat sie einen prächtigen Umhang! Schnurz probiert ihn sofort. Er passt wie angegossen!

„Sieh mal, was ich noch gefunden habe!", ruft Kati und hält einen von Omas weißen Spitzenkragen hoch.

„Nicht übel!", sagt Herr Schnurz. „Und sehr elegant."

Kati legt Herrn Schnurz den Spitzenkragen um.

„Sieht wirklich sehr edel aus!", findet Kati.

„Schließlich bin ich auch ein Edelmann!", sagt Herr Schnurz geschmeichelt. „Die schönsten Damen werden mit mir tanzen."

„Und als was sollen wir uns denn verkleiden?", fragt Dödel, Katis Schlaftier. Er ist sauer und ein bisschen eifersüchtig. Es passt ihm gar nicht, dass Kati sich so mit Herrn Schnurz abgibt.

„Du kannst Opas alten Filzhut aufsetzen und als Pu der Bär gehen!", schlägt Kati vor.

„Ich will kein blöder Kuschelbär sein. Ich möchte lieber ein gefährlicher Wolf sein!", mault Dödel. Er greift nach dem Pelzbesatz von Omas uraltem Wintermantel. Dann fletscht er die Zähne. Richtig Furcht erregend sieht er aus. Jedenfalls für einen, der Dödel nicht kennt und nicht weiß, dass er die Gutmütigkeit in Person ist.

„Puh! Du siehst ja richtig gefährlich aus!", sagt Kati. „Ich hab noch nie bemerkt, dass du so scharfe Zähne hast!"

„Man unterschätzt mich eben!", sagt Dödel gekränkt.

„Und was zieh ich an?", überlegt Kati und wühlt in der Kiste mit den alten Kleidern.

„Du gehst am besten als Rotkäppchen. Da passt du zu Dödel!", schlägt Herr Schnurz vor.

„Das könnte euch so passen. Denkt ihr, ich will vom Wolf gefressen werden? Nein, ich will viel lieber eine Prinzessin mit einer goldenen Krone sein!", sagt Kati.

Aber so sehr sie auch suchen, sie finden nichts, woraus man eine goldene Krone machen könnte.

11

„Dann geh ich eben als Aschenputtel und zieh Mamas alte Silberschuhe an", murmelt Kati.

„Tja, man muss nur Fantasie haben!", sagt Herr Schnurz anerkennend. Wenig später stolziert Kati mit Mamas hochhackigen Silbersandalen vor dem Spiegel auf und ab. Dann bindet sie noch einen breiten silbernen Gürtel um ihr Nachthemd und hängt eine Kette mit Glasperlen um den Hals. So. Jetzt noch schnell ins Badezimmer und ein bisschen von Mamas Parfüm aufgesprüht. „Fertig!", sagt Kati.

„Wird auch Zeit", brummt Dödel, der Wolf.

Graf Schnurz beschnuppert Kati. „Mm! Wie das duftet. Das haut glatt den stärksten Königssohn vom Reitpferd."

„Kommt endlich!", drängelt Dödel. „Was soll das Getue!"

Vor dem Haus wartet eine mondscheinfarbene Kutsche. Auf dem Kutschbock sitzt eine Ratte in Frack und Zylinder mit einem knielangen schwarzen Schnurrbart.

„Wo hast du denn diese tolle Mondkutsche aufgetrieben?", ruft Kati überrascht.

„Märchenbuch, Seite 113", sagt Graf Schnurz und reißt die Tür auf, damit Kati-Aschenputtel und Dödel-Wolf einsteigen können.

Kaum sitzen sie auf den gepolsterten Bänken, da knallt der Kutscher mit der Peitsche und die Reise geht los.

Plötzlich hört die Kutsche auf zu holpern. Trotzdem pfeift der Fahrtwind durch das Fenster, dass die roten Seidengardinen flattern.

„Wir fliegen!", ruft Kati überrascht und sieht aus dem Fenster.

„Müssen wir auch. Sonst kommen wir zu spät. Ihr habt entsetzlich gedödelt, äh, getrödelt", maunzt Graf Schnurz.

Sie fliegen über die schlafende Stadt, den glitzernden Fluss und den finsteren Wald.

„Ich glaub, dort ist es schon!", ruft Graf Schnurz und deutet mit ausgestreckter Pfote nach unten. „Seht ihr die Lichter?"

Kati entdeckt ein Schloss, dessen Fenster hell erleuchtet sind. Es liegt an einem See, der im Mondschein wie ein Zauberspiegel glänzt. Die Kutsche fliegt darauf zu.

Jetzt kann Kati den großen Parkplatz am See erkennen, auf dem schon allerhand seltsame Fahrzeuge in allen Größen und Formen stehen. Da parkt ein winziger Zwergenschlitten neben einer riesigen Kürbiskutsche. Da ist ein Bus, der wie eine Gurke aussieht und ein fahrbares

Himmelbett. Am Seeufer schaukelt ein Drachenboot mit chinesischen Lampions. Auf der Wiese hinter dem Palast landet gerade ein bunter Fesselballon.

„Das nicht ja toll aus! Und die Gäste kommen offenbar aus aller Welt!", ruft Kati begeistert.

„Allerweltsgäste eben", brummt Dödel.

„Verspricht sehr interessant zu werden", sagt Graf Schnurz. „Lassen wir uns überraschen."

Die Mondkutsche landet sacht neben dem Apfelhelikopter und einer Propellerbanane.

„Da sind wir!", sagt Herr Schnurz und hilft Kati beim Aussteigen. Dödel wirft ihm einen giftigen Blick zu. Der macht sich vielleicht wichtig! Als ob Kati nicht allein aus der Kutsche klettern könnte!

„Wa-wa-was – was ist denn das?", ruft Kati erschrocken. Neben ihnen zischt ein grauer Schatten durch die Luft.

„Das war eine Hexe!", sagt Graf Schnurz und schnuppert.

„Es riecht nach Schwefelfurz!", brummt Dödel.

Die Hexe hinkt vor ihnen zum Schlossportal und parkt ihren Besen direkt neben der Regenrinne. Als sie am Eingang

steht und der Schein der Fackeln auf ihr Gesicht fällt, findet Kati, dass sie ein wenig wie ihre Nachbarin Frau Brickelzick aussieht. Kati, Dödel und Herr Schnurz gehen die breite Treppe hinauf und nähern sich einer großen Glastür. Ein Diener in dunkelblauer Uniform mit Goldschnüren begleitet sie zum Ballsaal. Er stößt mit dem Stock dreimal auf den Parkettboden und meldet: „Der Graf von Katzenstein mit seiner Begleitung ist eingetroffen.“

Im gleichen Augenblick beginnen sieben Musikanten mit weißen Perücken und hellblauen Samtuniformen zum Tanz aufzuspielen. Die Musik ist wunderschön, findet Kati. Der erste Geiger hat die gleiche uralte Geige wie Fritz, denkt sie überrascht. Aber sie soll sich noch mehr wundern. Jetzt strömen die seltsamsten Figuren auf das Tanzparkett. Viele sind für Kati alte Bekannte, obwohl sie sie noch nie gesehen hat. Aber Kati kennt sie aus den Geschichten, die sie über sie gelesen hat. Es ist, als wären ihre Gedanken zum Leben erwacht. Der Ball beginnt!

16

„Ihr müsst mitmachen!", ruft Graf Schnurz und stürzt sich ins Gewühl.
Bald darauf sehen sie ihn mit einer hübschen Angorakatze tanzen, die
als Schneeweißchen verkleidet ist.

Kati lehnt sich an eine Säule und kann sich gar nicht satt sehen.

„Ist das nicht toll?", sagt sie zu Dödel, dem Wolf. Aber der hört es
schon nicht mehr. Er tanzt mit einer Ameisenbärin, die als Witwe Bolte
gekommen ist. Und als Kati drei Rotkäppchen entdeckt, ist sie froh,
dass ihr etwas anderes eingefallen ist.

Die Musik verstummt. Der Mann mit der blauen Uniform stampft mit
seinem goldenen Stock wieder dreimal auf den Parkettboden und ruft:
„Seine Majestät, der Prinz Fredericus!"

Kati fällt fast in Ohnmacht. Nein, so was gibt es doch nicht mal im
Traum! Der Prinz sieht ja fast wie der Fritz aus! Nur viel hübscher
angezogen. Aber er hat genau die gleichen krausen Haare unter der
Krone. Und er hat das gleiche verschmitzte Lächeln, als er jetzt durch
den Saal geht und eine Tanzpartnerin auffordert.

Sie hat ein blaues Sommerkleid an und sieht wie das Mädchen im Traumkistchen aus.

„Wenn es wie im Märchen ist, dann müsste er mich jetzt entdecken!", denkt Kati-Aschenputtel. Und es ist, als könne der Prinz Gedanken lesen. Kaum ist der Tanz zu Ende, treffen sich ihre Blicke. Der Prinz zwinkert überrascht, lässt das hübsche Mädchen im blauen Kleid stehen und eilt auf Kati zu. Ehe Kati begreift, was passiert, dreht sie sich im Tanz.

„Aber – ich kann doch gar nicht tanzen!"

„Wenn man träumt, kann man alles!", sagt der Prinz und lächelt sie an. Und dann verliert Kati ihren Schuh. Kein Wunder! Die Schuhe sind viel zu groß. Warum hat Mami auch so große Füße? Kati stolpert und stürzt. Die Tanzenden bleiben stehen. Rufen Ah! und Oh! oder deuten mit den Fingern auf Kati-Aschenputtel.

Kati ist das alles furchtbar peinlich. Ihr Nachthemd kommt ihr neben den prächtigen Ballkleidern der anderen auf einmal schäbig und verwaschen vor.

Der Prinz streckt die Hand aus und will ihr beim Aufstehen helfen. Doch Kati schiebt ihn beiseite, springt auf und läuft davon. Und genau wie im Märchen rennt der Prinz hinter ihr her. An der Tür stellt ihm die Hexe ein Bein. Er stolpert und fällt. So erreicht Kati die Kutsche.

„Ich will nach Hause, schnell!", ruft sie dem Kutscher zu. Augenblicklich hebt sich die Kutsche in die Luft. Unten sieht Kati Prinz Fredericus auf der Treppe stehen. Er hält den Silberschuh in der Hand. Ein wenig ratlos sieht er der Kutsche nach, die so silbrig wie der Mond ist und jetzt zwischen den Wolken verschwindet.

Der vergessliche Löwe

Es war einmal ein Löwe, der war sehr alt und ein bisschen vergesslich geworden. Er vergaß seine Brille und seinen Regenschirm. Er wusste nicht, ob Dienstag oder Mittwoch war. Er fand den Weg nicht, den man ihm genau beschrieben hatte. Manchmal fielen ihm die Namen der Leute nicht ein, die er traf. „Guten Tag, Herr … Giraffe!", sagte er dann schnell, nachdem er sich erinnerte, dass nur einer so einen langen Hals hatte. Oder er sagte zum Zebra Fräulein Nilpferd.

Dann wurde es mit seiner Vergesslichkeit immer schlimmer.

Er vergaß, dass er um vier mit dem Panzernashorn am Wasserloch verabredet war und dass er am Abend mit den kleinen Löwen am Fluss schwimmen wollte. Er vergaß, wenn einer Geburtstag hatte und erzählte alle Geschichten mehrmals, als seien sie ganz neu.

Die anderen Löwen lachten den alten Löwen wegen seiner Vergesslichkeit aus. Darüber war der alte Löwe sehr traurig. Aber so sehr er sich auch anstrengte, er konnte sich einfach nichts mehr merken. Eines Tages vergaß er sogar, dass er ein Löwe war. Er kletterte auf eine Palme.

„Was machst du da oben?", riefen die Löwenkinder.

„Ich baue ein Nest", antwortete der Löwe.

„Wenn du ein Nest baust, dann bist du ein Vogel. Und wenn du ein Vogel bist, dann kannst du fliegen!", spotteten die Löwenkinder.

Da breitete der Löwe die Flügel aus und flog davon. Er flog und flog. Bis hinauf zu den Sternen.

Die jungen Löwen, die den alten Löwen verspottet haben, gibt es längst nicht mehr. Aber das Sternbild des Löwen kann man in klaren Nächten immer noch am Himmel sehen.

Vollmond, Käuzchen, Geisterspuk

„Oma Lucie, unser Baumhaus ist fertig. Wann dürfen wir endlich draußen übernachten?"

„In drei Tagen", sagt Oma Lucie. „Da ist Vollmond."

Leider ist das Baumhaus nicht groß genug für vier Kinder. Zum Schlafen ist allerhöchstens für einen Platz! Und selbst der muss sich ganz schön zusammenrollen.

Oma erinnert sich an das alte Zelt auf dem Dachboden und sagt:

„Wisst ihr was: für die anderen bauen wir unten das Zelt auf!"

„Du bist die Beste!", ruft Anna und fällt Oma Lucie um den Hals.

Gemeinsam mit Lukas holt sie das alte Hauszelt vom Speicher.

Die vier Baumhauskinder sind fast den ganzen Tag damit beschäftigt, das alte Zelt aufzubauen. Sie kämpfen mit Planen, Schnüren und

Pflöcken. Aber dann ist es geschafft: Das Zelt steht! Jetzt fehlen noch Luftmatratzen. Eine hat Oma Lucie. Zwei haben die Eltern von Sam und Sara. Das Baumhaus selbst wird mit Kissen gepolstert.

„Besonders bequem ist das sicher nicht!", sagt Oma Lucie, als sie das Baumhaus-Bett begutachtet. Trotzdem möchte jeder im Baumhaus schlafen. Fast kommt es zum Streit.

„Dann wird das Baumhaus-Bett eben verlost!", sagt Oma Lucie. Sie malt auf drei Zettel ein Zelt und auf den vierten einen Baum.

Lukas zieht das Los mit dem Baum. Er führt einen Indianertanz auf vor Freude. Die anderen drei, die das Zeltlos gezogen haben, sehen ihn enttäuscht an.

„Im Zelt wird es bestimmt auch lustig!", sagt Anna und legt den Arm um Sam und Sara. Als Lukas auf den Baum klettert, flüstert sie: „Wir werden einen Geisterspuk machen und Lukas tüchtig erschrecken."

„Das Baumhaus als Geisterhaus!", sagt Sam leise und grinst.

„Ich hole Bettlaken", flüstert Anna. „Und Taschenlampen."

„Psst!", sagt Sara, weil gerade Lukas wieder herunterklettert. Anna verschwindet im Haus.

Als es dunkel wird, kommt Oma Lucie mit einem Buch unterm Arm und fragt: „Wie wär's mit einer gruseligen Geistergeschichte?"

Alle sind begeistert.

Oma Lucie setzt sich vor das Zelt. Lukas hält oben im Baum die Laterne. Gespannt hören die Kinder Geschichten von Gespenstern, spukenden Rittern, Geisterpiraten, Vampiren und Fledermäusen.

„Jetzt muss ich aber aufhören, Kinder", stöhnt Oma Lucie. „Ich krieg gleich selber Gänsehaut!"

Aber die Baumhauskinder können nicht genug kriegen.

„Schluss jetzt!", sagt Oma Lucie schließlich und gähnt herzhaft. „Seid ihr gar nicht müde?"

„Wir gehen erst ins Bett, wenn du errätst, was LASSA heißt! Das hast du gestern zu raten vergessen!", sagt Lukas.

„Lukas, Anna, Sam, Sara und Artus, stimmt's?", sagt Oma Lucie. „Und jetzt ab in die Schlafsäcke. Oder fürchtet ihr euch im Dunkeln?"

„Nööö", versichern die vier.

„Artus passt doch auf uns auf!", sagt Anna.

„Und ich bin da oben so sicher wie ein Baumhausindianer!", meint Lukas. „Ein Indianer fürchtet sich nicht."

„Denkst du!", murmelt Anna und blinzelt den Zwillingen zu. Als die Lichter gelöscht sind, wird es ganz still im Garten.

Und dann wird es laut. Man hört die Stimmen der Tiere. Kröten quaken. Ein Käuzchen schreit. Der Wind raschelt im Baum. Nachtfalter flattern durch den Lichtkegel der Taschenlampe. Es knarrt und knackt. Der Einzige, der schläft, ist Artus.

„Gibt's hier Schlangen?", flüstert Anna.

„Höchstens Blindschleichen", meint Sara.

„Ich trau mich gar nicht raus!", gesteht Anna verzagt. „Ihr könnt alleine geistern." Und dann macht ihr Herz einen Satz vor Schreck. Vor dem Zelt steht ein Schatten!

„Ein Geist!", murmelt Anna und kriecht tiefer in ihren Schlafsack.

Der Geist redet! Es ist Lukas.

„Ich hab Angst!", murmelt er. „Darf ich bei euch schlafen?"

„Sieh mal einer an! Unser mutiger Baumhausindianer!", seufzt Anna erleichtert.

Und dann erzählen sie kichernd, welche Streiche sie geplant hatten und wie sie Lukas erschrecken wollten.

Im „Geisterschloss" im Baum ist Ruhe eingekehrt. Aber im Zelt geht der Spuk noch lange weiter. Als die vier endlich einschlafen, wird der Himmel im Osten schon hell und hinter dem Wald wacht der neue Tag auf.

Der Buddelhund

Es war einmal ein Buddelhund, der hatte ein Haus und einen Garten draußen vor der Stadt. Er arbeitete gern im Garten und es verging kein Tag, an dem er nicht etwas gepflanzt, gegraben, geerntet oder gegossen hätte. Das Buddeln war seine Leidenschaft. Das verriet ja schon sein Spitzname.

An einem Tag im Herbst buddelte er fünfhundert Löcher, tat fünfhundert Esslöffel vom allerneusten Kraftdünger mit Hornspänen hinein und setzte dann fünfhundert braune Narzissenzwiebeln in diese Löcher. Er streute ein geheimnisvolles weißes Pulver darüber, das ihm seine Tante Zerealda aus Holland mitgebracht hatte. Als er fertig war, deckte er das Beet mit Zweigen zu. Er freute sich den ganzen Winter darauf, dass im Frühjahr seine fünfhundert Narzissen im Garten erblühen würden wie ein goldener Teppich.

Der Buddelhund war sehr ehrgeizig, besonders was Gartensachen anging. Deshalb hatte er sich im vergangenen Jahr sehr geärgert, dass die Narzissen seines Nachbarn viel größer und kräftiger gediehen waren als seine eigenen. Das sollte im nächsten Frühjahr anders werden!

Schon im Januar brachen die ersten goldenen Spitzen durch den Schnee. Ende Februar, als die Sonne den

letzten Schnee wegleckte, drängten sich kräftige Triebe aus der braunen Erde. Der Buddelhund goss und düngte. Die Narzissenspitzen wuchsen und wuchsen. Anfang März reichten sie ihm schon bis ans Knie. Mitte März wuchsen ihm die Stängel bereits über den Kopf und wenn er die Gießkanne aus dem Gartenhaus holen wollte, musste er durch einen richtigen Narzissenstängelwald gehen.

Mit dem Fernglas beobachtete er von seinem Gartenstuhl aus, wie über ihm die ersten prallen gelben Knospen aufplatzten. Es war ein Geräusch, wie wenn man einen Knallbonbon öffnet. Als die fünfhundert Narzissen alle aufgeblüht waren, überspannten ihre Blütenblätter den kleinen Garten des Buddelhundes mit einem gelben Dach. Sie ließen keinen einzigen Sonnenstrahl mehr durch und keinen Tropfen Regen. Der Buddelhund konnte vom Garten aus den Himmel nicht mehr sehen und die Blüten auch nicht. Er musste dazu auf das Hausdach klettern.

Die Leute kamen mit Omnibussen angereist, um die Narzissenpracht zu bewundern. Ein Biologiestudent der Universität Leipzig baute sein Zelt im Garten auf und schrieb seine Doktorarbeit über die Narzissen. Die Supernarzissen blühten viel länger als die Narzissen in den Nachbargärten. Als im Spätsommer die Blätter herunterfielen, bedeckten sie den Garten wie ein dicker Teppich. Das sah hübsch aus, aber es war sehr unpraktisch, weil alle anderen Pflanzen darunter erstickten.

Ein wenig neidisch sah der Buddelhund auf die Nachbargärten, in denen auf Wiesen und Beeten die bunten Herbstblumen blühten.

Als der Winter kam, gab es viele Arbeit für den Buddelhund. Die kräftigen Narzissenstängel waren verholzt und so stark wie kleine Baumstämme. Er musste sie mit Beil und Säge fällen. Viele Wochen war er damit beschäftigt, aus den Stämmen Kaminholz zu machen und es neben seinem Haus aufzuschichten. Er hatte überhaupt keine Zeit mehr zum Buddeln.

Der Winter kam. Es wurde sehr kalt. Der Buddelhund saß vor seinem Narzissenholzfeuer und wärmte sich. Er träumte davon, wie sein Garten im nächsten Jahr aussehen sollte. Er wollte eine Wiese haben, auf der Gänseblümchen, Klee, Löwenzahn, Sauerampfer und Glockenblumen wuchsen. Eine ganz normale Wiese, über die Bienen, Vögel und Schmetterlinge flogen, und die sich sanft und weich unter den Pfoten anfühlte, wenn man darin buddelte.

Die Hosenträgergeschichte

Es war einmal ein Hosenträger, der hatte sein Leben lang nichts anderes als Hosen getragen. Das war ganz schön langweilig. Die Hosen gehörten einem langweiligen Mann, der einen langweiligen Beruf hatte, ein langweiliges Gesicht machte, langweilige Anzüge trug und immer nur langweilige Sachen machte.

An einem langweiligen Sonntagnachmittag ging der langweilige Mann in den Park und setzte sich auf eine Bank. Weil er nicht wusste, was er tun sollte, schlief er ein. Deshalb bemerkte er auch das kleine Mädchen nicht, das mutterseelenallein auf dem Spielplatz stand und weinte. Er bemerkte überhaupt nie etwas, außer sich selber.

„Was ist denn los mit dir?", erkundigte sich der Hosenträger voller Mitleid bei dem Mädchen.

„Meine Schaukel ist kaputt!", schluchzte das Kind.

„Mal sehen, was ich für dich tun kann", brummte der gutmütige Hosenträger. Er knöpfte sich vorsichtig los, damit der Mann nicht aufwachte. Dann kletterte er von der Bank und hüpfte zu dem Mädchen.

„Da! Sieh doch bloß!", sagte das Mädchen und deutete auf den Kastanienbaum, an dem die kaputte Schaukel hing.

„Vielleicht bin ich doch noch zu etwas anderem gut, als nur zum Hosentragen", sagte der Hosenträger. „Kannst du auf den Baum klettern und dann meine zwei Trägerenden dort befestigen?"

„Na klar. Da sind doch prima Kletteräste dran!", sagte das Mädchen. Es kletterte auf den Baum, befestigte den Hosenträger am Ast, legte das

Schaukelbrett in die Schlinge und – hatte eine wunderbare Wippschaukel!

„Juhu! Ich hab eine neue Schaukel!", rief das Mädchen.

Der Hosenträger und das Mädchen verbrachten einen sehr vergnügten Nachmittag unter dem Kastanienbaum. Hin und her, rauf und runter flog die Schaukel. Der Hosenträger gab nach, dehnte sich und zog sich wieder zusammen. Das war ein Spaß!

„Ich stoße gleich mit den Füßen an die Wolken!", rief das Mädchen vergnügt.

Da lachte der Hosenträger und sagte: „Pass auf, dass du sie mit deinen Schuhen nicht zerreißt!"

Endlich war das Mädchen müde und schaukelte nur noch langsam hin und her.

„So einen lustigen Tag hab ich noch nie erlebt!", rief der Hosenträger. „Hosentragen ist nämlich ein sehr langweiliger Beruf! Ich möchte viel lieber Schaukelhopser sein!"

„Bleib bei mir!", sagte das Mädchen. „Wir können noch viel zusammen spielen. Gummitwist zum Beispiel, oder Lassowerfen, oder Löwenbändigen, oder Pferdekutsche, oder…"

In diesem Moment erwachte der Mann, dem der Hosenträger bisher die Hosen getragen hatte. Er sah auf die Uhr und gähnte gelangweilt und sagte: „Ach, erst so spät!" Dann stand er auf und murmelte: „Was mach' ich bloß noch mit dem Rest des Tages?"

„Hosentragen!", riefen der Hosenträger und das Mädchen und lachten, denn in diesem Augenblick rutschte dem Mann die Hose bis zum Knie herunter. Da hat der Mann vorne und hinten ganz dumm geguckt, weil er ja nun seine Hosen selber tragen musste.

Mondriesen-Spielzeug

Als Max wieder einmal im Traum auf einem Mondstrahl zum Mond-
riesen reist, landet er auf dem Rücken im Mondstaub, weil sein Rucksack so schwer ist.

„He, Holla!", ruft der Mondriese und hilft ihm auf die Beine.

„Na, was hast du denn da alles mitgeschleppt?"

„Spielzeug!", sagt Max und packt seinen Schlafrucksack aus, den er
immer dabei hat, wenn er Opa besucht. Da staunt der Mann im Mond
Bauklötze: So schöne bunte Spielsachen hat er noch nie gesehen! Der
Schlafhase und die Puppe Melusine gefallen ihm besonders. Und von
den farbigen Bildern im Märchenbuch ist er hellauf begeistert.

„Ich kann die Geschichten noch nicht vorlesen", sagt Max. „Aber ich
kann sie dir erzählen."

„Das ist viel besser!", sagt der Mann im Mond und hört begierig zu.

Max erzählt alle Geschichten, die ihm einfallen. Auch die von dem kleinen Prinzen, der von seinem fernen Planeten auf die Erde kam.

„Das ist Mias Lieblingsgeschichte", sagt Max.

„Und wer ist Mia?", fragt der Mondriese neugierig.

„Das Mädchen aus dem Nachbarhaus. Von der hab ich auch das Buch ausgeliehen. Ich möchte gern, dass sie meine Freundin ist. Aber sie spielt lieber mit Anton. Der ist schon neun."

„Hast du sie denn schon mal gefragt, ob sie mit dir spielen möchte?", fragt der Mondriese.

Max schüttelt den Kopf. „Ich trau mich nicht. Außerdem ist sie in den Ferien wahrscheinlich sowieso verreist."

„Du kannst ja morgen mal nachschauen!", sagt der Mondmann und zwinkert ihm zu. „Das nächste Mal erzählst du mir, ob du dich getraut hast, ja?"

Der Klapper-Puk

Kim, Jonas und Julia verbringen ihre Sommerferien bei Opa Tom auf einer Nordseeinsel. Eines Abends, als sie im Bett liegen, knarren die Dielenbretter.

Opa Tom kommt ins Zimmer, um die Gute-Nacht-Geschichte zu erzählen, die er beim Zähneputzen versprochen hat.

Er setzt sich auf die Truhe, die mitten im Zimmer steht und sieht sich kopfschüttelnd um. Überall liegen Socken, Schuhe, T-Shirts, Unterhosen und Spielsachen herum.

„Tscha", sagt er. „Totales Chaos! Wenn ich mich so umsehe, dann würde ich vermuten, dass kürzlich ein Sturm mit Windstärke 13 durchs Zimmer gefegt ist und alles durcheinandergewirbelt hat."

„Muss man in den Ferien auch aufräumen?", fragt Jonas.

„Tscha, das kommt drauf an", brummt Opa Tom. „Als ich ein Kind war, musste ich auch in den Ferien immer aufräumen. Meine Mutter war sehr streng. Aber ganz früher, da war es anders. Meine Großmutter hat erzählt, dass ein Klapper-Puk hier im Haus lebte. So eine Art Kobold. Er wohnte unten im alten Dielenschrank. Der spukte nachts durchs Haus und machte Ordnung. Er räumte nicht nur auf, er mahlte auch das Mehl und den Kaffee, putzte die Fenster, kochte Marmelade, wiegte die Babys in den Schlaf oder flickte zerrissene Hosen."

„Super! Gibt es den Klapper-Puk noch?", fragt Jonas begeistert.

„Ich glaub nicht", überlegt Opa Tom. „Meine Großmutter hat erzählt, dass er eines Tages auf und davon ist, weil man vergessen hatte, ihm nachts etwas zu Essen hinzustellen. Puks sind sehr empfindliche Wesen und leicht beleidigt."

„Und wo ist er dann hin?", will Julia wissen.

„Mein Großvater meinte, er sei zum Hafen gelaufen und hat dort als Klabautermann auf einem Schiff angeheuert. Meine Großmutter meinte, er hat eine Klabauterfrau getroffen und ist mit ihr auf eine andere Insel gezogen."

„Wie schade!", sagt Kim und gähnt. „Ich würde dem Klapper-Puk gern etwas zum Essen hinstellen, wenn er dafür meine Sachen aufräumt."

Jonas sitzt aufrecht im Bett und sagt: „Hat es nicht gestern im Schrank in der Diele gepoltert? Und haben nicht die vielen Dielenbretter geknarrt, als du vorhin in unser Zimmer gekommen bist? Vielleicht ist der Klapper-Puk ja wieder da?"

„Tscha", überlegt Opa Tom. „Wir könnten ihm ja etwas zu Essen hinstellen und dann wird man ja sehen, was passiert!"

„Was essen denn Klapper-Puks am liebsten?", erkundigt sich Julia.

„Grütze, so viel ich weiß. Und Kekse oder Zwieback. Man muss es ausprobieren. Was er liegen lässt, mag er nicht!"

Im Nu sind die Kinder aus den Betten. Sie laufen die Treppe hinunter

in die Küche. Auf einem Tellerchen richten sie allerlei Leckerbissen her.

„Ich bin für Kekse", sagt Jonas.

„Ich für Möhrchen und Apfelstücke", sagt Kim.

„Ich für Gummibärchen", sagt Julia.

Sie stellen den Teller auf die Treppe. Als Julia am Dielenschrank vorbeigeht, klappert es. „Ich hab es ganz deutlich gehört", behauptet Julia.

Als die Drei wieder in den Betten liegen, erzählt Opa Tom eine Gute-Nacht-Geschichte. Nachdem die Kinder endlich eingeschlafen sind, schleicht er hinaus.

Kim, Julia und Jonas schlafen fest in der Nacht.

Jonas wacht am nächsten Morgen als erster auf. „He! Kim! Julia! Seht doch! Unser Zimmer ist aufgeräumt!", ruft er seinen Schwestern zu.

Kim reibt sich verwundert die Augen. Tatsächlich, die Kleider liegen schön zusammengelegt auf dem Stuhl. Julias Spielsachen, mit denen der Boden übersät war, sind alle in dem kleinen roten Koffer. Kims Malsachen liegen ordentlich auf dem Tisch.

„Opa, Opa! Der Klapper-Puk war da!", jubelt Julia und läuft die Treppe hinunter.

Opa Tom, der gerade in der Küche das Frühstück macht, brummt: „Hab ich mir fast gedacht. Der Teller war leer. Er hat alles aufgefuttert. Sogar die Gummibärchen!"

„Hurra, hurra! Der Klapper-Puk war da!", ruft Julia und tanzt auf dem Küchenboden herum.

„Jetzt zieht euch schnell an, damit wir frühstücken können", sagt Opa Tom. „Ich bin heute morgen schon mit den Hühnern aufgestanden! Mir knurrt jetzt kräftig der Magen."

Der Mops geht hops

Es war einmal ein Mops, der saß auf der Wiese und sah den Kindern zu, die ihre Drachen steigen ließen. Höher und immer höher flogen die Papierdrachen. Sie sahen wie bunte Vögel aus, die in den klaren, unendlich weiten Herbsthimmel hineinflogen.

„Ist das schön!", sagte der Regenwurm und kletterte auf ein Löwenzahnblatt, damit er besser zusehen konnte. „Fliegen müsste man können!"

„Ich werde auch gleich fliegen!", prahlte der Mops. „Ganz weit in den Himmel hinauf!"

„Zum Fliegen braucht man Flügel", bemerkte der Regenwurm. „Und Flügel haben wir beide nicht!"

„Die Drachen haben doch auch keine Flügel und fliegen!", antwortete der Mops.

„Sie haben Ohren und Schwänze", sagte der Regenwurm.

„Das hab ich auch – im Unterschied zu dir!", sagte der Mops.

„Ich habe das Geheimnis des Fliegens genau beobachtet", sagte der Regenwurm nach einer Weile. „Die Papierdrachen werden an langen Schnuren von den Kindern hochgezogen – und vom Wind getragen, der dagegendrückt."

„Ich werde mich eben auch von den Kindern hochziehen und vom Wind tragen lassen, wenn er dagegendrückt!", sagte der Mops.

„Was nicht geht, geht nicht", kicherte der Regenwurm. „Dazu bist doch viel zu schwer. Sei doch froh, dass du laufen kannst. Ich wäre froh, wenn ich wenigstens Beine hätte und rennen könnte wie du!"

„Einen Regenwurm, der Beine hat und rennt? Hahaha", sagte der Mops. „So was gibt es nicht!"

„Und einen Mops, der fliegt? Hahaha, das gibt es auch nicht", antwortete der Regenwurm beleidigt. Aber der Mops gab nicht auf. Wenn er sich einmal etwas in seinen dicken Kopf gesetzt hatte, dann versuchte er auch, es zu bekommen.

Der Wind ist stark, dachte er. Er kann große Schiffe über den Ozean schieben, er kann riesige Windmühlenflügel drehen. Warum sollte er mich nicht ein kleines Stückchen durch die Luft tragen?

Als er sah, dass ein besonders großer, roter Papierdrache auf einem Abhang zwischen zwei Felsbrocken landete, lief er schnell hin. Er setzte sich mit seinem dicken Po mitten auf den Drachen und rief: „Jetzt flieg, Drache! Flieg! Zeig, was du kannst! He! Lauft, ihr Kinder! Zieht! Strengt euch an!"

Da gab es einen Ruck. Das Seil, an dem der Drache hing, spannte sich.

„Und jetzt blase, Wind! Blase!", rief der Mops. Ein Windstoß kam und der Drache flog. Allerdings nur ein kurzes Stück. Dann riss die Schnur und das Papier. Der Mops flog auch: er purzelte den Abhang hinunter.

Der Regenwurm kicherte und sagte schadenfroh: „Ich hab dir doch gesagt, dass du zu schwer bist!"

„Der Wind ist nicht stark genug", sagte der Mops ärgerlich. „Der Wind ist

Schuld. Warum hat er sich nicht mehr angestrengt? Die Kinder waren nicht schnell genug. Die Schnur war zu schwach und das Papier zu billig. Außerdem ist Dienstag und nicht Donnerstag. Am Donnerstag gelingt mir alles immer viel besser!"

„Ach so", sagte der Regenwurm. „Du gehörst zu denen, die immer anderen die Schuld geben, wenn etwas nicht klappt!"

„Quatsch mit Soße", antwortete der Mops. „Fliegen ist schließlich keine Kunst. Jeder kann fliegen. Das nächste Mal nehme ich ein Flugzeug."

„Angeber", entgegnete der Regenwurm. „Mach dich doch nicht so mopsig! Das ist ja total beklopst!"

„Sei du bloß still!", antwortete der Mops. „Du bist ein noch viel größerer Angeber. Nennst dich Regenwurm und kannst nicht mal regnen!"

Das Mondkalb

Mondkälber leben, wie es der Name verrät, auf dem Mond. Sie sind immer auf der hellen Seite des Mondes, weil sie sich im Dunklen fürchten. Auf der Rückseite des Mondes ist es finster. Dort leben die schwarzen Schafe. Und weil sie genauso finster wie die Rückseite des Mondes sind, hat sie noch nie jemand gesehen. Auch die Mondkälber nicht, denn die würden nie im Leben freiwillig auf die Rückseite des Mondes gehen.

Am wohlsten fühlen sich die Mondkälber bei Vollmond. Wenn das Licht der Sonne voll auf die Mondoberfläche scheint, ist es strahlend hell und sie können spielen und herumtoben, so viel sie wollen. Sie wären auch sehr zufrieden auf dem Mond, wenn sich da nicht ein Himmelskörper namens Erde immer wieder zwischen Sonne und Mond drängeln würde, der den Mondkälbern das Licht wegnimmt.

Der Erdschatten verdeckt den Mond nur ein kleines bisschen. Das stört die Mondkälber gar nicht. Aber der Schatten wird immer größer. Nach zwei Wochen ist nur noch der halbe Mond im Licht. Und noch eine Woche später ist die helle Mondfläche nur noch ein schmaler Bogen. Da wird es ganz schön eng für die Mondkälber. So drängeln sie sich alle auf die helle Seite. Ganz dicht stehen sie zusammen. Es wird enger und enger. Manche Mondkälber halten sich vor Angst am Rand des Mondes fest. Die meisten machen die Augen zu, damit sie die Dunkelheit nicht sehen. Es bleibt ihnen schließlich nichts anderes übrig, als bei Dunkelheit den Mond zu überqueren, weil der Mond ja zuerst auf der gegenüberliegenden Seite wieder hell wird. Da passiert es dann, dass sich ab und zu eines der Mondkälber auf der dunklen Mondfläche verläuft oder dass es sich nicht richtig festhält und von der hellen Seite des Mondes herunterrutscht.

Plötzlich liegt es dann eines Morgens auf einer Wiese und die Leute sagen: „Komisch. Gestern war es noch nicht da. Es muss vom Himmel gefallen sein!"

Ein Babysitter
für Mausi

 Mausi heißt eigentlich Katharina-Sophie-Friederike. Aber keiner nennt sie so. Dabei hat sich die ganze Familie beim Aussuchen der Vornamen solche Mühe gegeben! Mausi ist schon fünf Jahre alt, daher ist sie nicht begeistert, als die Eltern einen Babysitter bestellen, als sie eines Abends mit Freunden in die Oper wollen

„Warum kommt Oma nicht? Oder Onkel Alf?", fragt Mausi. „Babysitter ist doch was für Babys."

„Babysitter heißen nur so. Sie sind auch für große Kinder", sagt Papa.

„Sie heißt Jenny Brumser und ist sehr nett", sagt Mama.

„Komischer Name. Klingt wie eine Hummel", findet Mausi.

„Sie arbeitet tagsüber in einer Parfümerie", sagt Mama.

„Dann riecht sie bestimmt gut", sagt Papa.

Gegen sieben Uhr läutet es.

„Das muss sie sein!", sagt Mama und läuft zur Tür.

Papa bindet sich gerade den Schlips vor dem Spiegel .

Mausi hält ihren Schnuffelhasen an den Ohren und steht abwartend an der Kinderzimmertür.

„Guten Abend", sagt eine helle freundliche Stimme.

„Guten Abend Frau Brumser", antwortet Mausis Mama.

„Sie dürfen ruhig Jenny zu mir sagen", sagt die schlanke junge Frau mit den rosa lackierten Fingernägeln. „Und wo ist die Kleine?"

„Das ist unsere Mausi", sagt Mama und deutet zur Kinderzimmertür.

Mausi reckt sich auf die Zehenspitzen, damit sie größer aussieht.

„Sag Guten Abend", fordert sie Papa auf.

„Guten Abend", sagt Mausi mit finsterem Blick.

Mama erklärt Jenny, wo die Sachen für das Abendessen sind und dass ein kleiner Naschteller auf dem Küchenschrank steht.

Papa sagt: „Ich nehm' mein Handy mit. Für alle Fälle. In der Pause rufen wir an."

„Nun geht schon endlich!", sagt Mausi.

„Sei lieb", sagt Mama und nimmt sie in den Arm.

Papa gibt ihr noch einen Rasierwasserkuss.

Endlich klappt die Flurtür.

„Jetzt machen wir's uns gemütlich, kleine Maus", sagt Jenny.

„Bin keine kleine Maus!", sagt Mausi. „Bin Friederike und groß."

„Wollen wir zuerst Sandmännchen gucken oder zuerst Abendbrot machen?"

„Is mir egal, Frau Brumser", sagt Mausi.

„Willst du nicht Jenny zu mir sagen?"

„Frau Brumser find ich lustiger", sagt Mausi.

„Wie du meinst, Friederike", antwortet Jenny. „Dann gehen wir eben in die Küche. Hilfst du mir?"

Mausi folgt ihr wortlos.

„Wo sind die Abendbrotteller? Wo sind die Messer? Wo ist das Salz?", fragt Jenny.

Mausi gibt mürrisch Auskunft. Die Tante hat ja keine Ahnung!

„Jetzt fängt Sandmännchen an", sagt Jenny. „Willst du nicht doch eben gucken, während ich die Brote richte?"

„Na gut", sagt Mausi und setzt sich mit ihrem Schnuffelhasen in den Fernsehsessel.

Mausi muss erklären, wie die Fernbedienung vom Fernseher funktioniert.

Babysitter sind doof, findet Mausi. Die wissen echt rein gar nichts.

„Essen ist fertig!", ruft Jenny, als das Sandmännchen vorbei ist.

Mausi setzt den Schnuffelhasen auf die Fensterbank und klettert auf den Stuhl am Esstisch.

Es ist ein warmer Sommerabend. Die Balkontür ist offen. Der Duft der Wurstbrote hat einen Gast angelockt, der plötzlich neben dem Schnuffelhasen auf der Fensterbank sitzt.

„Guck mal da!", ruft Mausi vergnügt.

Jenny springt in die Höhe und quietscht: „Hilfe, eine Maus!"

„Die ist sooo niedlich!", findet Mausi.

Die Maus springt von der Fensterbank. Jenny springt auf den Stuhl.

Die Maus kommt näher um von den Brotkrümelchen zu naschen, die unter Mausis Stuhl gefallen sind. Babysitter Jenny Brumser sieht mit weit aufgerissenen Augen zu, wie die Maus jetzt neugierig auf ihren Stuhl zukommt. Mit einem Aufschrei springt sie hoch, steigt auf den Stuhl und klettert auf den Bauernschrank.

„Die tut dir nichts", sagt Mausi. „Schau mal…"

„Lass das!", ruft Jenny.

„Die ist doch so süß!", sagt Mausi und füttert die Maus mit Käsestückchen.

Fassungslos sieht Jenny von ihrem erhöhten Aussichtsplatz zu, wie die Maus schließlich neben Mausis Teller auf dem Tisch sitzt und mit ihr gemeinsam das Abendbrot verspeist. Beiden scheint es zu schmecken.

„Salami mag sie besonders gern!", sagt Mausi.

„So lange die Maus da ist, komme ich nicht herunter", zetert Jenny.

„Ich bring dir den Teller", sagt Mausi hilfsbereit.

Sie steigt auf den Stuhl und reicht Jenny den Teller mit den Stullen auf den Schrank. Dazu ein paar Kekse vom Naschteller.

In der Theaterpause rufen die besorgten Eltern an.

„Ist alles Okay, Mausi?", fragt Papa.

„Alles Okay!", sagt Mausi.

„Kann ich mal Jenny sprechen?", fragt Papa.

„Moment!", sagt Mausi. „Frau Brumser sitzt auf dem Schrank!"

Sie reicht Jenny den Hörer hinauf.

„Alles unter Kontrolle!", versichert Jenny Brumser. „Wir essen noch ein paar Kekse vom Naschteller. Und – und – und dann geht es ins Bett."

„Sind Sie wirklich auf dem Schrank?", erkundigt sich Mausis Papa verwirrt.

„Keine Sorge: Das ist nur ein Spiel!", versichert Jenny Brumser hastig.

Nach dem Telefongespräch will Jenny vom Schrank herunterklettern, aber da hockt die Maus auf dem Stuhl und guckt sie neugierig an. So bleibt Jenny droben.

„Und wer bringt dich jetzt ins Bett?", jammert Jenny. „Wenn du die Maus nicht verjagst, dann kann ich dir nicht helfen."

„Kein Problem", sagt Mausi und lacht vergnügt. „Ich kann alles allein. Ausziehen, Klogehen, Waschen, Zähneputzen, Schlafanzug anziehen!"

„Dann bin ich ja beruhigt", seufzt Jenny.

Als Mausi mit ihrem Schnuffelhasen ins Bett geht, schlüpft die Maus mit ins Kinderzimmer.

Erleichtert klettert Jenny vom Schrank. Sie vergewissert sich, dass die Kinderzimmertür hinter Maus und Mausi zu ist.

„Alles in Ordnung?", ruft sie durch die Tür.

„Alles in Ordnung. Die Maus ist im Puppenwagen", sagt Mausi. „Ich glaube, sie schläft schon."

Babysitter Jenny ist total geschafft vom Mäusestress! Sie sinkt in den Sessel und macht den Fernseher an.

Gegen elf Uhr kommen Mausis Eltern zurück und fragen: „Alles in Ordnung, Jenny?"

„Alles in Ordnung!", sagt Jenny Brumser und verabschiedet sich rasch. Sie läuft an Mausis Eltern vorbei zur Flurtür und flüstert: „Ich muss schnell zum Bus!"

Papa und Mama gehen auf Zehenspitzen zum Kinderzimmer. Sie öffnen die Tür.

Beruhigt sehen sie auf ihr friedlich schlafendes Kind.

„Gute Nacht, kleine Maus!", sagt Mama und gibt Mausi einen Kuss auf die Stirn.

Und die echte kleine Maus? Die liegt im Puppenwagen und schläft sich aus.

Der Wunschfedertraum

An diesem Abend hat Kati eine Feder in ihr Traumkistchen gelegt. Ob es wirklich eine Wunschfeder war, wie der Zauberer auf dem Jahrmarkt behauptet hat? Papa hat gesagt, es sei eine ganz normale Flügelfeder von einer ganz normalen Ente.

„Es ist eine Wunschfeder", behauptet Dödel, Katis Schlaftier. „Bestimmt hat das, was du heute Nacht träumst, etwas mit Federn zu tun."

Kati überlegt, was sie träumen könnte. Es fallen ihr viele Wünsche ein, aber sie kann sich für keinen entscheiden. Über dem Grübeln schläft sie ein.

Und dann kommt auch schon ihr Traum angeschwebt, sanft und sacht auf Daunenfedern… Plötzlich schnattert und quakt es draußen vor dem Fenster.

„Soll ich nachsehen?", sagt Dödel und klettert auf die Fensterbank. Kaum hat er das Fenster einen Spalt aufgemacht, drängen sich zwei vorlaute, schneeweiße Enten herein.

„Sie hatten ein Flugtaxi bestellt?", schnattert die erste Ente und streckt ihren breiten gelben Schnabel neugierig ins Zimmer.

„Genau gesagt: zwei Flugtaxis?", mischt sich die zweite Ente ein und reckt vorwitzig den Hals.

„Wohin soll's denn gehen?", erkundigt sich Kati zögernd.

„Zum Jahrmarkt nach Daunersdorf", sagt die erste Ente.

„Wir werden unseren Spaß dort haben und es ist total ungefährlich!", sagt die zweite Ente.

„Wirklich?", erkundigt sich Dödel.

„Es ist das einzige Dorf in der Welt, in dem die Leute keinen Entenbraten mögen", schnattert die Ente.

„Vielleicht braten sie dort ja Kuscheltiere", brummt Dödel.

„Du fürchtest dich doch nicht etwa?", sagt Kati und lacht.

„Könnten wir Herrn Schnurz mitnehmen?", bittet Dödel.

„Wer ist Herr Schnurz?", fragt die erste Ente.

„Ein Kater", sagt Kati.

„Kommt nicht in Frage!", wehrt sich die Ente. „Wir sind allergisch gegen Katzen!"

„Kommt ihr jetzt oder nicht? Wir stehen uns nicht gern die Flossen in den Bauch!", sagt die erste Ente.

Dödel sitzt als Erster rittlings auf seinem Ententaxi. Und dann ist Kati dran. Je näher sie zum Fenster kommt, desto kleiner wird sie. Schließlich ist sie gerade noch groß genug, dass sie auf der Ente Platz hat. Wie Nils Holgerson mit den Wildgänsen!, schießt es ihr durch den Kopf. Das Buch hat ihr Papa gerade vorgelesen.

„Haltet euch fest!", ruft die erste Ente und dann geht es schon los. Ehe sich Kati den Schlaf aus den Augen gerieben hat, hört sie unter sich schon Jahrmarktsmusik: eine Karussellorgel, einen Leierkasten und das Klimpern eines Glockenspiels. Und dann riecht man den Jahrmarkt auch. Es duftet nach gebrannten Mandeln. Dazwischen mischt sich der

Geruch von Bratwürsten und Kräuterbonbons. Die Enten gehen im Sturzflug nach unten. Kati starrt auf die bunten Lichter. Alles dreht sich vor ihren Augen.

„Mir wird schwindelig!", murmelt Kati. Aber da landen sie schon mitten auf dem Kirmesplatz. Dort macht Kati eine überraschende Entdeckung: Es gibt keine Menschen, sondern nur Tiere auf dem Jahrmarkt! Aber sie ist so klein, dass sie zwischen ihnen kaum auffällt. Es geht mir wie Alice im Wunderland!, denkt Kati.

„Fahren wir Achterbahn!", schlägt die erste Ente vor.

„Au ja! Und dann mit der Geisterbahn!", ruft die zweite Ente.

Mit Gejuchze, Geschnatter und Geschrei stürzen sie sich in das Vergnügen. Kati und Dödel lassen sich von ihrer Begeisterung anstecken. Kati hat seltsamerweise kein bisschen Angst. Auch nicht auf der verrückten Bahn, die „Wilde Katz" heißt, oder in der „Rasenden Kaffeekanne". Und sie fliegt in der Schiffschaukel so hoch, dass sie dreimal den Überschlag schafft. Das traut sie sich sonst nie!

In der Geisterbahn ist es zwischen den fauchenden Monstern und heulenden Gespenstern ziemlich gruselig. Dödel fürchtet sich und kuschelt sich fest an Kati.

„Keine Angst!", sagt Kati. „Siehst du nicht, dass die Geister lauter verkleidete Tiere sind?"

„Amüsiert euch gut, ihr beiden!", sagt die erste Ente und gibt den beiden eine kleines Säckchen mit Erbsen. „Passt gut darauf auf! Das ist euer Kirmesgeld! Ihr könnt überall damit bezahlen!"

„Und hebt sechs Erbsen für den Rückflug auf!", sagt die zweite Ente.

„Wieso? Bringt ihr uns nicht zurück?", fragt Kati erschrocken.

„Nur für den Fall, dass wir uns verfehlen! Auf dem Jahrmarkt weiß man nie…", schnattert die erste Ente vergnügt.

„Falls ihr uns nicht findet, kauft ihr sechs Luftballons. Dort bei dem Schimpansen mit der Trommel!", sagt die erste Ente. „Die Ballons werden euch nach Hause tragen."

Darauf verschwinden die beiden Enten kichernd im Bierzelt.

Kati und Dödel finden das völlig normal. Weil einem auf einem total verrückten Fest alles Verrückte normal vorkommt.

„Gib mir die Erbsen. Ich pass drauf auf!", sagt Dödel. „Ich hab Hosentaschen und du nicht!"

Kati zögert einen Augenblick. Sie nimmt heimlich sechs Erbsen heraus und gibt Dödel den Rest.

Neben dem Schimpansen mit der Trommel steht ein Fuchs, der zaubert.

Er zaubert Seifenblasen aus Nasen und Ohren, er schluckt Feuer und er lässt Gegenstände verschwinden und wieder auftauchen. Eine ganze Menge Tiere drängt sich um ihn herum und sieht ihm zu. Auch Kati und Dödel bleiben eine Weile stehen.

Da ruft Dödel plötzlich: „Hilfe, unsere Erbsen sind weg!"

„Das kommt mir bekannt vor!", sagt Kati.

„Sie verdächtigen doch nicht etwa mich?", sagt ein Waschbär beleidigt.

„Nein, nein, nein!", ruft Dödel erschrocken. „Vielleicht hab ich sie ja bloß verloren!"

„Wenn Sie mir ihr komisches Kuscheltier verkaufen, bekommen Sie einen Kartoffelsack voll Erbsen dafür!", sagt ein Krokodil, das neben der Schießbude steht.

„Kommt nicht in Frage!", sagt Kati empört. „Dieses Kuscheltier ist nicht verkäuflich!"

„Hilfe!", ruft Dödel. „Wo sind die Enten? Unsere Enten?"

„Welche Enten?", fragt der Fuchs in der Schießbude.

„Die Enten, die uns hergebracht haben!", sagt Dödel. „Sie sollen uns auch wieder heimbringen."

„Ente gut, alles gut", schmatzt der Fuchs und leckt sich das Maul.

„Ich denke, hier isst keiner Entenbraten?", ruft Dödel erschrocken.

„Wer sagt denn, dass ich sie gebraten habe?", grinst der Fuchs.

„Dödel, komm! Wir gehen!", sagt Kati energisch. „Das hier ist Gaunersdorf und nicht Daunersdorf!"

„Jaja, ich will schnellstens nach Hause", jammert Dödel.

„Stell dich nicht so an. Erst brauchen wir die Luftballons."

„Aber wie kriegen wir die? Ohne Erbsengeld? Vielleicht schenkt uns der Affe die Ballons?", hofft Dödel.

„Das glaube ich nicht!", sagt Kati. „Aber ich habe vorgesorgt. Ich habe nämlich schon mal schlechte Erfahrungen mit Taschendieben gemacht, musst du wissen."

„Vorgesorgt?", sagt Dödel.

„Ich habe sechs Erbsen aufgehoben. Hier!", sagt sie und deutet auf ihre Backen. „In jeder Backe drei. Komm, gehen wir Luftballons kaufen!"

Jetzt ist Dödel platt.

„Sechs Luftballons bitte. Die Farbe ist egal!", sagt Kati zu dem Schimpansen mit der Trommel.

„Macht sechs Erbsen!", sagt der Schimpanse.

„Geht in Ordnung", sagt Kati und zählt ihm sechs feuchte Erbsen auf die haarige Hand.

Der Schimpanse bindet die Luftballons los. „Passen Sie auf, dass sie nicht damit wegfliegen!"

„Gerade das haben wir vor!" Kati lacht und drückt Dödel fest an sich.

Dann schweben sie davon – in den weiten Nachthimmel hinaus.

Sterne haben keine Zacken.

„Der Mond ist ziemlich mager geworden!", sagt Max eines Abends, als er mit seinem Opa in den Himmel schaut.

„Heute ist Halbmond. Und der Mond wird jeden Tag ein bisschen schmaler. Bis er nicht mehr zu sehen ist", sagt Opa.

„Wenn der Mond jeden Tag kleiner wird, kann es da sein, dass der Mann im Mond irgendwann mal runterfällt?", fragt Max erschrocken.

„Keine Angst, der Mond bleibt so groß und kugelrund wie er ist!"

„Früher hab ich immer gedacht, dass der Mond so flach ist wie ein Weihnachtsplätzchen", sagt Max. „Und dass die Sterne Zacken haben."

„Das denken viele Kinder", sagt Opa. „Dabei sind Sterne genauso kugelförmig wie die Erde und der Mond. Aber weil sie so glitzern, denkt man, dass sie Zackenstrahlen haben."

„Woher kriegen die Sterne ihr Licht, Opa?"

„Die leuchten im Gegensatz zum Mond selber, so wie die Sonne. Und dass der Mond abnimmt und zunimmt hängt mit dem Licht von der Sonne zusammen."

Opa nimmt den Fußball und hält ihn vor die Lampe. „Wenn die Lampe auf den Ball scheint ist er vorn ganz hell und hinten dunkel. So hell ist es immer auf der Vorderseite vom Mond. Aber weil sich der Mond einmal im Monat um die Erde bewegt, verändert sich unser Blickwinkel und wir sehen nur noch einen Teil des beleuchteten Mondes. Schließlich bescheint ihn die Sonne von hinten und wir sehen ihn gar nicht mehr. Dann ist Neumond. Der Mond ist nicht mehr zu sehen. Aber er ist da."

„Das ist schwer zu verstehen, dass etwas da ist, was man nicht sieht", überlegt Max.

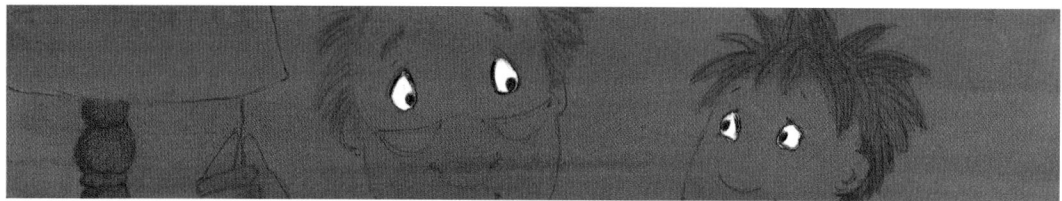

„Licht macht den ganzen Unterschied", sagt der Opa. „Pass auf!"

Opa macht das Licht im Zimmer aus. Plötzlich ist es stockfinster.

„Huch!", sagt Max. „Spielst du jetzt Neumond, Opa?"

„Nein, ich will dir nur zeigen, dass die Dinge auch da sind, wenn man sie nicht sieht. Du und ich, das Bett und alle anderen Sachen im Zimmer. Und genauso ist der Mond immer da, auch wenn wir ihn nicht sehen."

„Genau wie der liebe Gott", sagt Max. „Der ist auch da und wir sehen ihn nicht."

„Da hast du Recht", sagt Opa. „Und das ist noch viel schwerer zu begreifen als sie Sache mit Mond, Sonne und Sternen."

Das Steinbeißermonster

Es war einmal ein Wanderhund. Der machte einen Bergausflug. Leider verirrte er sich. Er war hundemüde und heilfroh, als er in der Abenddämmerung einen Berggasthof entdeckte.

„Kann ich bei euch übernachten?", erkundigte sich der müde Wanderer.

„Da hinten im Stall auf dem Heu", sagte der Wirt und deutete mit dem Daumen über die Schulter. „Das heißt, wenn du keine Angst vor Alpträumen hast!"

„Ich hab keine Angst vor Alpträumen!", sagte der Wanderhund und dachte: Warum sollte man in den Alpen anders traumen als zu Hause? Der Wanderhund war zehn Stunden gelaufen und so erschöpft, dass er sich nach dem Essen ins Heu fallen ließ und sofort einschlief. Er wachte erst auf, als der Hahn krähte. Da dehnte und reckte er sich und ging in die Wirtsstube, um zu frühstücken.

Der Wirt sah blass und übernächtigt aus. Erst jetzt fiel dem Wanderhund auf, dass alle Leute auf dem Gasthof schwarz gekleidet waren und traurige Gesichter hatten.

„Warum seht ihr alle so unglücklich aus?", erkundigte sich der Wanderhund.

„Weißt du es wirklich nicht? Oder willst du uns nur verspotten?", fragte der Wirt argwöhnisch.

„Was soll ich wissen?", fragte der Wanderhund neugierig.

„Hast du heute Nacht nichts gehört?", erkundigte sich der Wirt.

„Ich habe geschlafen wir ein Murmeltier", antwortete der Wanderhund.

„Er hat nichts gehört. Ich kann es nicht fassen", sagte der Wirt kopfschüttelnd zu den anderen Gästen. Es waren Hirten, Bauern und Bergsteiger aus der Gegend.

„Was soll ich denn gehört haben?"

„Das Steinbeißermonster!", seufzte der Wirt. „Es poltert und randaliert die ganze Nacht. Es heult und krakeelt. Es schleudert Felsbrocken auf unsere Dächer. Keiner von uns kann schlafen. Seit es begonnen hat, die große Höhle in den Berg zu nagen, wird es immer schlimmer."

„Warum lasst ihr euch das gefallen?", fragte der Wanderhund.

„Du hast keine Ahnung, was wir schon alles probiert haben!", sagte der Wirt. „Aber mit dem werden wir nicht fertig."

„Auch wenn ihr alle zusammen helft?"

„Auch dann nicht", beteuerte der Wirt.

„Es hat scharfe Krallen wie ein Drache, es kann Feuer speien und es hat so mächtige Zähne, dass es Felsbrocken zerbeißt, als wären es Zuckerstückchen", berichtete ein Bauer.

„Was frisst es denn?", erkundigte sich er Wanderhund.

„Hauptsächlich Steine", sagte ein Bergsteiger. „Ich habe gesehen, wie es einen riesigen Haufen Felsbrocken, der bei einem Bergrutsch vom St. Bernhard heruntergekommen war, mit einem Haps aufgefressen hat."

„Kein Wunder, wenn es dann nachts Bauchschmerzen bekommt und zum Steinerweichen jault und jammert", meinte der Wanderhund. „Ich hätte Lust mir das komische Monster mal anzusehen."

„Du gehst auf eigenes Risiko. Wir haben dich gewarnt!", sagte der Wirt mit ernster Stimme.

„Ich wollte sowieso über den St. Bernhard und habe mich bloß verirrt, weil der Weg mit Felsen versperrt war", sagte der Wanderhund. „Jetzt weiß ich warum."

„Sei vorsichtig! Es ist keiner unter uns, der nicht einen Angehörigen in den Bergen verloren hätte", warnte ihn einer der Bauern.

„Und daran ist wirklich das Steinbeißermonster schuld?", fragte der Wanderhund.

„Wir vermuten es!", antwortete der Mann düster.

Der Wanderhund ließ sich von seinem Plan nicht abhalten. Der Wirt und seine schwarz gekleideten Gäste sahen ihm traurig nach, als er sich auf den Weg machte.

„Schade um ihn", sagte einer und drückte aus, was alle dachten.

Der Wanderhund stieg drei Stunden lang den steilen Weg zum St.-Bernhard-Pass hinauf. Der Weg führte durch ein Flussbett, in dem große Steine lagen, die einmal ein Gletscher dorthin getragen hatte. Und dann kam ein Bergsee, der von einem Wasserfall gespeist wurde. In der Mitte des Sees war eine Insel. Dem Wanderhund war warm geworden vom Klettern. Er nahm ein Bad im kühlen See und schwamm zu der Insel. Auf der Insel lag ein riesiger glatter Felsbrocken. Er war warm von der Mittagssonne. Der Wanderhund kletterte hinauf und ruhte sich aus.

Dann schwamm er zurück zu seinem Rucksack und wanderte weiter. Der Pfad wurde allmählich so eng, dass er beim Laufen den Bauch einziehen musste. Und dann kam die Hängebrücke.

„Nimm dich in Acht!", krächzte der Rabe, der über die Schlucht flog. Die Brücke sah sehr wacklig und schaukelig aus. Aber der Wanderhund ließ sich nicht abschrecken. Auf der anderen Seite stand ein verwittertes Schild:

> WEITERGEHEN AUF EIGENE GEFAHR.
> DAS STEINBEISSERMONSTER.

Nun, wenn das Steinbeißermonster Steine biss, dann würde es ihm bestimmt nichts tun. Schließlich war er kein Stein. Weshalb sollte er also Angst haben?

Plötzlich prasselten Felsbrocken von der Wand herunter.

„Na, das ist mir ja eine freundliche Begrüßung!", rief der Wanderhund ärgerlich.

Aus einem schwarzen Loch über ihm schob sich ein fauchender, schmauchender, langer, schuppiger Drachenhals.

„Fuahh!", fauchte der Drache. „Mach, dass du wegkommst! Du störst mich beim Mittagessen!"

Aus seinen Nasenlöchern kam giftgelber Schwefeldampf, der so stank, dass der Wanderhund einen Hustenanfall bekam.

„Du hast Mundgeruch!", sagte der Wanderhund.

„Fuahh!", fauchte der Drache wieder und warf mit Steinen. „Fort mit dir oder ich fresse dich!"

„Warum wirfst du mit Steinen?", fragte der mutige Wanderhund.

„Weil du mich störst! Und weil ich keinen Granit mehr mag. Granit. Nichts als Granit. Schon seit Tagen beiße ich auf Granit. Fuahh!"

„Möchtest du ein Speckbrot?", erkundigte sich der Wanderhund. Neugierig schob das Steinbeißermonster seinen faltigen Hals noch ein wenig weiter aus der Drachenhöhle. Der Wanderhund hielt ihm das Speckbrot entgegen. Das Monster schnupperte.

„Riecht überhaupt nicht nach Stein!", sagte es. „Aber ich mag Steine, viele Steine! Hast du vielleicht knusprigen Basalt, blättrigen Schiefer oder bröseligen Sandstein?"

„Ich habe unterwegs einen fabelhaften Hinkelstein gesehen, der war fast so groß wie du. Der müsste dir doch schmecken?"

„Einen fabelhaften Hinkelstein, fast so groß wie ich?"

Einen Augenblick lang schienen Vorsicht und Neugierde in dem riesigen schuppigen Drachenkopf miteinander zu streiten. Vielleicht überlegte es auch, dass es den frechen Wanderhund hinterher immer noch verschlingen konnte, wenn es wollte. Jedenfalls kam das Monster jetzt aus seiner Höhle und stampfte – holterdiepolter – den Felspfad herunter, wobei unter seinen mächtigen Pranken ein neuer Steinregen herunterprasselte.

„Wehe, du schwindelst mich an, dann fresse ich dich zum Nachtisch!", fauchte es.

Der Wanderhund führte das misstrauische Steinbeißermonster bis zum Bergsee. Am Ufer blieb er stehen und sagte: „Du kannst doch hoffentlich schwimmen?"

„Wenn's weiter nichts ist", sagte das Steinbeißermonster, naschte noch ein paar Kieselsteine und ließ sich geschickt ins Wasser gleiten.

„Schwimmen kann ich seit der Steinzeit!"

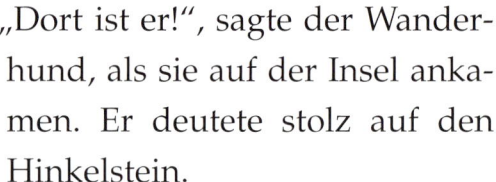

„Dort ist er!", sagte der Wanderhund, als sie auf der Insel ankamen. Er deutete stolz auf den Hinkelstein.

„Nicht schlecht! Reicht bestimmt für zehn Mahlzeiten!", sagte das Steinbeißermonster und watschelte abschätzend drumherum.

„Kalkstein. Mag ich besonders gern! Ist gut für Zähne und Knochen. Ich musste in letzter Zeit ziemlich viel Granit beißen!"

„Und warum?"

„Weil ich einen Tunnel zum anderen Tal gegraben habe, um mein Revier zu erweitern", sagte das Steinbeißermonster. „Aber heute morgen bin ich damit fertig geworden!"

„Heißt es, dass man dann nicht mehr über die steile Passstraße muss, wenn man ins Nachbartal will?"

„Genau", antwortete das Steinbeißermonster. „Ich hab schließlich schon ein paar tausend Jahre auf dem Buckel und da klettert man nicht mehr so gern." Mit seinen flinken Drachenaugen sah es zwischen dem Felsbrocken und dem Wanderhund hin und her und überlegte, wen es wohl zuerst anknabbern sollte.

Der Wanderhund spürte, was das Steinbeißermonster dachte und sagte: „Probier doch mal den Stein, ob er dir wirklich schmeckt. Wenn du ihn gefressen hast, zeige ich dir noch größere und schönere!"

Das Steinbeißermonster fiel auf die List herein. Es knabberte den Hinkelstein an. Es schien ihm zu schmecken. Es fraß und fraß. Der Wanderhund stand daneben und bewunderte lautstark seinen Appetit.

Der Bauch des Steinbeißermonsters wurde dicker und dicker.

Der Hinkelstein wurde kleiner und kleiner.

Der Wanderhund wurde fröhlicher und fröhlicher.

„Uaps!", rülpste das Steinbeißermonster schließlich.
„Ich kann nicht mehr!"

„Die paar Krümelchen wirst

du doch noch schaffen!", sagte der Wanderhund vergnügt und deutete auf einen Haufen Bruchsteine, der neben dem Monster auf der Erde lag. Da mampfte das Monster auch noch den Steinhaufen weg.

„Ich werde allen, denen ich begegne, erzählen, was für ein gieriges, gefräßiges Steinbeißermonster du bist!", sagte der Wanderhund und machte sich auf den Weg zum Seeufer.

„Wirst du nicht, denn ich werde ich – oupps – verschlingen!", japste das Steinbeißermonster.

„Da musst du mich erstmal kriegen!", lachte der Wanderhund und sprang in den See. Das Steinbeißermonster watschelte ungeschickt hinterher. Aber weil es den tonnenschweren Hinkelstein gefressen hatte, war es so schwer, dass es nicht mehr schwimmen konnte. Und so konnte der schlaue Wanderhund entkommen…

Der Traumfänger

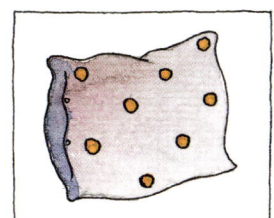
Mitten in der Nacht wacht Julia auf und weint. Opa Tom, der seine Schlafzimmertür offen gelassen hat, hört es sofort.

„Julia, Kind, was ist denn los?", fragt er besorgt und nimmt Julia auf den Arm.

„Ich kann nicht schlafen", schluchzt Julia.

„Dann bleiben wir eben beide ein bisschen zusammen wach, bis du wieder einschlafen kannst", sagt Opa Tom.

„Mein Rücken brennt!", jammert Julia.

„Ein kleiner Sonnenbrand. Wir waren zu lange am Strand! Da sieht man's wieder… Ich hätte besser auf dich aufpassen müssen", brummt Opa Tom. „Komm mit ins Bad, damit die anderen nicht wach werden. Ich reib dir den Rücken mit einer kühlen Salbe ein."

Aber auch als der Rücken nicht mehr brennt, kann Julia nicht einschlafen.

„Kann es sein, dass du ein bisschen Heimweh nach Papa und Mama hast?", fragt Opa Tom leise.

Julia nickt. „Als Papa und Mama heute Abend angerufen haben, hab ich ganz arg gewollt, dass ich wieder bei ihnen bin."

„Gefällt es dir hier nicht mehr?", fragt Opa Tom bekümmert.

„Doch, es ist sehr schön hier. Und ich mag dich sehr. Aber Papa und Mama mag ich auch und die sind nicht da", sagt Julia und schluckt.

„Dass man ab und zu Heimweh hat, wenn man von zu Hause weg ist, ist ganz normal!", tröstet Opa Tom.

„Ich hab Durst", sagt Julia.

Opa geht mit Julia auf dem Arm in die Küche hinunter. Er gießt ein Glas von dem roten Tee ein, den
Julia so gern mag. Sie trinkt das Glas in einem Zug
leer.

„Jetzt muss ich aufs Klo", sagt Julia. Als sie zurück-
kommt, kriecht sie wieder in ihr Höhlen-Bett.

„Vielleicht hilft dir das", sagt Opa Tom. Er hat einen
handtellergroßen Ring in der Hand. Der ist mit Schnüren bespannt. Das sieht wie ein Spinnennetz aus. An
einer der Schnüre hängt eine Perle. Vom Ring herunter
baumeln zwei Federpaare an Perlenschnüren.

„Was ist denn das?", erkundigt sich Julia verwundert.

„Das ist ein Traumfänger", sagt Opa Tom. „Den hab ich mal aus Ame-
rika mitgebracht. Den hängen die Indianer über die Betten ihrer Kinder, damit sie besser einschlafen können. Wollen wir mal ausprobieren,
ob es bei dir hilft?"

„Auja", sagt Julia. „Und wie fängt man damit die Träume?"

„Ich will dir eine Geschichte erzählen, die ich bei den Indianern über
den Traumfänger gehört habe. Die Schnüre in diesem Ring sollen das
Netz einer guten und nützlichen Spinne darstellen. Siehst du die Perle
da? Das soll die Spinne sein. Sie fängt nicht nur die schädlichen und
lästigen Insekten, wie zum Beispiel Stechmücken. Die gibt es in einem
Indianerhaus natürlich auch. Nein, sie fängt auch die
schlechten Träume ein. Sie lässt nur die guten Träume
durchs Netz. Und die rutschen dann sacht, ganz
sacht an den Federn des Traumfängers hinunter auf
das Kinderbett und das Kind kann gut schlafen
und träumen."

„Das ist eine schöne Geschichte", sagt Julia und
gähnt. „Fängt die Spinne auch Seeräuber-Träume?"

„Na klar", versichert Opa Tom. „Ich werde den Traumfänger an dein Bett hängen. Wir können ja ausprobieren, ob es funktioniert."

„Da in der Schranktür ist ein Haken", sagt Julia.

„Tscha, da hing früher immer mein Stundenplan dran", erinnert sich Opa. „Und später meine Schiedsrichterpfeife, als ich im Sportverein war. Und ganz später das Bild von Oma, als ich in sie verliebt war."

„Dann schlafe ich also in deinem früheren Bett?", fragt Julia überrascht. Auf einmal kommt ihr das dunkle Zimmer viel vertrauter vor.

„Ja, hier war unser Kinderzimmer. Und im Bett von Kim und Jonas schliefen meine beiden Schwestern Imke und Gesche."

Julia gähnt herzhaft. Opas Geschichten scheinen das Heimweh wirklich zu vertreiben. Ihr Kummer ist längst vergessen.

„Ich glaube, der Traumfänger wirkt schon!", sagt Julia und legt den Arm um Opa Toms Hals. „Danke! Gute Nacht!"

„Gute Nacht, schlaf gut und träum was Schönes!", sagt Opa Tom. Und genau das tut Julia dann auch.

Die Lampengeschichte

Als die Kellerlampe noch ganz neu war, lebte sie in einem Lampengeschäft. Da gab es die unterschiedlichsten Lampen. Tagsüber lagen, hingen und standen die Lampen irgendwo stumm herum. Die Leute gingen zwischen ihnen hindurch und überlegten sich, ob sie eine von den Lampen brauchen könnten. Abends und an Sonntagen waren die Lampen unter sich. Da begann dann eine Geraune und Gewisper. Sie hatten sich allerhand zu erzählen. Kein Wunder, wenn man so lange still sein muss!

Eines Sonntags kam es sogar zum Streit. Eigentlich war die neue Halogenlampe Schuld daran. Sie hatte immer so verrückte neumodische Ideen. Diesmal hatte sie vorgeschlagen, dass man eine Lampen-Schönheitskönigin wählen sollte.

„Ja, eine Wahl, das ist lustig!", rief die Kinderzimmerlampe und schaukelte vergnügt hin und her.

„Eine Schönheitskönigin! Ja, wir wählen eine Schönheitskönigin!", rief die Spiegelleuchte, die dachte, sie sei die Schönste im Land.

„Oder einen Schönheitskönig!", forderte der Kronleuchter mit tiefer Stimme und ließ seine vierundzwanzig Messingarme blitzen.

„Eine Königin der Nacht sollten wir wählen!", rief die Nachttischlampe.

„So ein Quatsch, wer auf so kleinem Fuß lebt wie du, hat sowieso keine Chancen", sagte die bauchige Tischlampe und lachte dröhnend. Ihr

Körper bestand aus einer kostbaren chinesischen Porzellanvase und der Schirm war aus reiner Seide.

„Es ist egal, wo eine Lampe herkommt. Hauptsache, es gibt Licht!", sagte die Kellerlampe, die bescheiden neben hundert anderen Zweckleuchten an der Ladenwand hing.

„Hört auf mit der blöden Streiterei!", sagte die Schreibtischlampe. „Jeder darf sich bewerben. Ich schreibe die Namen auf. Dann wird gewählt. Da wird man ja sehen, wer der Sieger ist."

„Die Schreibtischlampe hat Recht!", sagte die Stehlampe, die alle anderen Lampen überragte. „Ich melde mich gleich als Erste an!"

„S-t-e-h-l-a-m-p-e", murmelte die Schreibtischlampe und schrieb den Namen auf ein Stück Papier.

„Halt! Einspruch! Ich bin dagegen, dass sie sich bewirbt!", meldete sich der Armleuchter.

„Aber warum denn?", erkundigte sich die Schreibtischlampe verwundert.

„Weil einer, der klaut, nicht gewählt werden sollte."

„Das verstehe ich nicht!", murmelte die Schreibtischlampe.

„Nun, du hast es doch eben laut genug gesagt: das ist eine Stehl-Lampe!", rief der Armleuchter.

„Stehl-lampe – Stehl-lampe – Stehl-lampe", murmelten nun alle Lampen.

„Der Armleuchter hat Recht!", murmelte die Schreibtischlampe.

„Ich bin doch keine Stehl-lampe!", rief die Stehlampe. „Ich stehle doch nicht. So eine Gemeinheit!"

Doch keiner hörte auf sie. Und nichts geht in einem Lampengeschäft so blitzschnell herum wie ein schlechtes Gerücht. Schließlich kam man überein, auch alle Stilleuchten von der Wahl auszuschließen.

„Jaja, wer stiehlt ist schlecht, das ist Recht!", rief der Armleuchter schadenfroh.

Die Schreibtischlampe brauchte die ganze Nacht, um alle Namen der Wettbewerber aufzuschreiben. Sicherheitshalber notierte sie alle mit der Warennummer, damit es keine Verwechslungen gab. Die Kellerlampe bewarb sich gar nicht erst. Sie war nicht schön. Bloß praktisch. Die Stilleuchten kicherten und machten sich darüber lustig, dass man ausgerechnet sie von der Wahl ausgeschlossen hatte.

„Uns findet man seit Jahrhunderten schön, ganz gleich ob man uns wählt oder nicht!", sagte eine flämische Stilleuchte selbstbewusst.

Aber die Stehlampe nahm sich den bösen Vorwurf der anderen Lampen sehr zu Herzen. Sie löschte ihr Licht, damit man ihr trauriges Gesicht nicht sehen konnte.

Als Montag Morgen der Laden geöffnet werden sollte, stand immer noch nicht fest, wer die schönste Lampe im Laden war.

„Wenn dauernd alle streiten, kommen wir nie zu einer Entscheidung!", seufzte die Schreibtischlampe. „Ich schlage vor, wir lassen einen Schiedsrichter entscheiden!"

„Einen Schiedsrichter? Wo willst du einen Schiedsrichter herbekommen?", brummte der Kronleuchter.

„Ganz einfach", antwortete die Schreibtischlampe. „Wir lassen den ersten Kunden entscheiden. Er wird die Lampe kaufen, die ihm am besten gefällt. Da haben alle gleiche Chancen!"

„Einverstanden!", sagte der Kronleuchter und zündete alle vierundzwanzig Kerzenbirnchen an.

„Gute Idee!", sagte die Spiegelleuchte und drehte ihren Schirm so, dass sich ihr Licht im Spiegelglas mehrfach brach.

Dingdongdingdong machte die Glocke an der Ladentür.

„Sie wünschen?", sagte der Ladenbesitzer.

„Wir brauchen neue Lampen. Wir sind umgezogen", sagte der Mann.

„Als erstes brauchen wir eine Kellerlampe", sagte die Frau. „Sonst brechen wir uns noch den Hals, wenn wir die steile Treppe hinunterlaufen."

„Und ich finde die Stehlampe besonders hübsch. Die können wir überall hinstellen. Und abends beim Lesen gibt sie sicher ein gemütliches Licht!"

„Ja, du hast Recht! Es ist eine besonders hübsche Lampe", sagte die Frau.

Über ihren Köpfen knallte es.

„Na so was! Da ist im Kronleuchter ein Birnchen zerplatzt!", sagte der Verkäufer überrascht. „Das ist uns noch nie passiert!" Dann packte er die Kellerleuchte in Seidenpapier.

„Die Stehlampe nehmen wir so!", sagte der Mann. „Die ist zu groß zum Einpacken." Er klemmte sie sich unter den Arm.

Dingdongdingdong machte die Glocke an der Ladentür, als der Verkäufer sie öffnete, um seine Kunden wieder hinauszulassen.

„Ich gehe!", jubelte die Stehlampe.

Da wurden die anderen Lampen so wütend, dass die Hauptsicherung durchbrannte.

„Was ist heute bloß los hier?", sagte der Ladenbesitzer und schüttelte den Kopf, als der die Sicherung durch eine neue ersetzte.

Der Schneeflockentraum

„Sieh mal!", ruft Katis Kuscheltier Dödel mitten in der Nacht. „Er winkt!"

„Wer winkt?", fragt Kati und reibt sich die Augen.

„Der Schneemann!", sagt Dödel und trippelt aufgeregt auf der Fensterbank hin und her.

Kati klettert aus dem Bett und geht ans Fenster. Dödel zeigt auf den Schneemann, der auf der gegenüberliegenden Straßenseite steht. Er winkt tatsächlich! Mit dem Birkenzweig, den man ihm unter den Arm gesteckt hat.

„Was er bloß will?", grübelt Kati.

„Verstehst du die Schneemannsprache nicht?", sagt Dödel. „Das heißt, dass wir kommen sollen!"

„Ich bin doch nicht verrückt!", sagt Kati. „Mitten in Nacht! Außerdem ist es viel zu kalt! Bestimmt hat nur ein Windstoß den Zweig bewegt!"

Dödel gibt nicht auf. „Wir könnten uns ganz warm anziehen! Wenn es taut, ist er morgen weg, und wir erfahren nie, was er uns sagen wollte! Er hat nämlich echt gewinkt."

Kati sitzt unentschlossen auf der Bettkante.

„Nun komm schon!", sagt Dödel. Er holt Pullover und Strümpfe. Dann sieht er wieder aus dem Fenster und sagt ganz aufgeregt: „Jetzt redet Herr Schnurz mit ihm! Er sieht zu unserem Fenster herauf und winkt wie wild mit der Pofte!"

Katis Neugierde ist geweckt. Sie schlüpft blitzschnell in ihre warme Winterhose, den Skipullover und den Anorak.

„Los, komm schon!", drängelt Dödel. „Deine Schneestiefel stehen unten neben der Haustür!"

„Na endlich! Hat lange genug gedauert. Seid ihr immer so schwer von Begriff?", sagt Herr Schnurz, als sie aus dem Haus kommen.

„Was ist denn los?", erkundigt sich Kati. „Wo brennt's denn?"

„Es brennt nicht: es schmilzt. Und der Schneemann hat es eilig!", sagt Herr Schnurz. Und dann wendet er sich zum Schneemann und sagt: „Das sind meine besten Freunde, Kati und Dödel. Ich möchte gern, dass sie mitkommen."

„Mitkommen? Wohin?", sagt Kati.

„Das ist der Schneemann Max. Er will uns etwas ganz Tolles zeigen! Den Eispalast der Schneekönigin! Das Schloss, in dem die Schneemänner im Sommer leben. Aber wenn ihr noch lange trödelt, dann schmilzt er vorher und läuft weg. Schließlich hat es angefangen zu regnen!"

„Herr Schnurz hat Recht!", sagt der Schneemann Max. „Wir müssen uns beeilen. Lauft einfach hinter mir her!"

Mit unglaublicher Geschwindigkeit bewegt sich der Schneemann über den Parkplatz. Dann läuft er die Straße entlang, links den kleinen Berg hinauf und schließlich quer über die Fußballwiese.

Er rollt!, überlegt Kati beim Laufen. Sie kann ganz deutlich sehen, wie sein Leib auf dem Boden entlangrollt. Wie eine Kugel! Kati und Dödel haben Mühe Schritt zu halten.

„Wir müssen bis zur Straßenbahnendhaltestelle!", erklärt Max.

„Ich kenne eine Abkürzung, weil meine Freundin, die Straßenbahnkatze, dort wohnt", sagt Herr Schnurz wichtig.

„Was machen wir an der Straßenbahnendhaltestelle?", wundert sich Kati. „Die Straßenbahn fährt nachts nicht."

„Dort sind die Räumfahrzeuge", sagt Herr Schnurz.

„Die Raumfahrzeuge?", schnauft Dödel, den das Laufen am meisten anstrengt, weil er die kürzesten Beine hat.

„Die Räumfahrzeuge. Wir brauchen eine Schneeraupe, sonst bringe ich euch nicht schnell genug den Schlossberg hinauf!"

Kati wundert sich über überhaupt nichts mehr.

Wenig später sitzt sie neben Herrn Schnurz und Dödel auf einer der großen Schneeraupen. Max, der Schneemann, sitzt am Steuer und lässt sich den Wind um die Nase wehen. Er pfeift vergnügt, denn es ist wieder kälter geworden. Kati wickelt sich in die Decke, die auf der Sitzbank gelegen hat. Dödel hat sich einen Schal umgewickelt. Herr Schnurz begnügt sich mit seinem Winterpelz. Und Max hat ja sowieso sein Winterzeug an. Die Wolken sind fast verschwunden. Der Vollmond taucht alles in ein silbriges Licht. Die Äste der Bäume glitzern, als seien sie mit Glas überzogen und mit Kristallen geschmückt. Die Baumstämme in der Pappelallee haben an der Seite einen weißen Streifen, der wie Pelzbesatz aussieht. Jetzt verlassen sie die Stadt.

„Haltet euch fest!", ruft Max, der Schneemann. „Jetzt geht es mit Windeseile weiter, denn der Wind ist mein Freund!"

Huiij! Da pfeift es und sie fliegen über die schneebedeckten Wiesen und Felder und über die weißen Gipfel eines riesigen Waldes. Dann kommt das große Meer.

„Augen zu. Jetzt müssen wir durch eine Wolkenbank!", ruft Max.

Es wird stockfinster. Gehorsam schließt Kati die Augen. Als sie die Augen nach einer Weile wieder vorsichtig aufmacht, ist dichter Nebel ringsum.

„Gleich sind wir da!", ruft Max.

Der Nebel lichtet sich. Der Mond erhellt wieder die Szene. In der Ferne entdeckt Kati einen Berg, der so hoch ist, dass sie seinen Gipfel nicht sehen kann. Je näher sie kommen, desto größer wird der Berg.

„Das ist der Winterberg!", sagt Max, der Schneemann. „Wir müssen unten landen, weil es oben zu steil ist. Haltet euch fest! Es ist so weit!" Das Fahrzeug landet mit einem sachten „Rrrums!" am Fuße des Winterberges. Max schaltet den Motor der Schneeraupe auf Hochtouren. Jetzt klettert das Fahrzeug in unglaublichem Tempo den steilen Schneehang hinauf. Und dann sind sie wirklich da.

Vor ihnen im Mondschein liegt das herrlichste Schloss, das Kati je gesehen hat. Es ist aus Eis und so durchsichtig wie Glas. Es hat tausend Fenster und glitzernde Türmchen. Auf jedem Turm ist eine Wetterfahne, die wie eine riesige Schneeflocke aussieht. An den Dachvorsprüngen hängen silberne Glöckchen, die leise im Wind schaukeln. Sie spielen eine hübsche Melodie.

Die Wände sind durchsichtig wie Fensterglas. Deshalb kann man auch in den großen Speisesaal im ersten Stock sehen, wo gerade lauter Schneemänner an einer langen Tafel beim Essen sitzen und lachen und singen. Am Ende der Tafel sitzt auf einem Thron aus Kristall eine wunderschöne Frau in einem hellblauen Kleid mit weißen Spitzen. Sie hat eine fein gearbeitete silberne Krone auf.

Das muss die Schneekönigin sein!, denkt Kati.

Pinguine in schwarzen Fräcken servieren das Essen auf großen Tellern. Einer bringt eine Platte mit Möhrengemüse. Er sieht genau wie der Ober vom „Gasthof zur Post" aus, findet Kati.

Nebenan in der Schlossküche verzieren Schneemannköche mit hohen Mützen Torten und Eisbomben mit schneeweißer Schlagsahne. Der Chefkoch krönt die Schneekunstwerke mit blauen Trauben.

Im Schlosshof liefern sich Schneemannkinder eine Schneeballschlacht. Ein Schneemannvater baut mit seinen Kindern eine riesige Schneeburg. Andere errichten Iglus oder basteln Schneeschiffe, Schneebären oder andere Fantasiefiguren.

„Was ist dort oben im großen Turm?", erkundigt sich Kati bei Max.

„Dort ist ein Fernrohr ganz aus Glas. Mit dem kann man die halbe Welt beobachten!", sagt Max. „Dort sitzen unsere Wetterbeobachter."

„Können wir jetzt endlich ins Schloss hineingehen, ehe wir über das Wetter quasseln?", drängelt Dödel.

„Da muss ich erst die Schneekönigin um Erlaubnis bitten!", sagt Max.

„Das Tor steht doch sperrangelweit offen, warum gehen wir nicht einfach hinein?", sagt Dödel ungeduldig.

„Deswegen!", sagt Max und deutet auf zwei riesige Eisbären, die rechts und links neben der gläsernen Treppe sitzen, die zum Palast hinaufführt.

„Oh!", sagt Herr Schnurz und sein Nackenfell sträubt sich. „Das sind vielleicht gefährliche Katzen!"

Max geht zu einem weißen Eisblock, der wie eine gläserne Telefonzelle aussieht.

„Er telefoniert tatsächlich!", staunt Kati.

Nach ein paar Sekunden schon kommt Max zurück. Er macht ein sehr bekümmertes Gesicht.

„Heute geht es leider nicht!", sagt er. „Unser oberster Wetterbeobachter meldet Alarmstufe sieben!"

„Und was heißt das?", erkundigt sich Kati.

„Lebensgefahr für alle Schneemänner! Tauwetter im Anzug!", sagt Max.

„Aber du hast doch gar keinen Anzug!", brummt Dödel.

„Dödel, du bist dumm!", sagt Kati. Sie ahnt, was die Nachricht bedeutet. „Es heißt, dass wir schnellstens zurück müssen, weil du uns sonst nicht mehr rechtzeitig nach Hause bringen kannst."

„Genau", sagt Max betrübt. „Der Frühling kommt. Er ist der größte Feind aller Schneemänner! Vielleicht klappt es ein andermal. Ihr müsst bloß im nächsten Winter fleißig Schneemänner bauen!"

„Das kommt davon, weil ihr am Anfang so gedödelt, äh, getrödelt habt!", mosert Herr Schnurz. „Selber schuld."

„Wir wollen den gleichen Fehler nicht zweimal machen! Los, beeilt euch! Einsteigen!", ruft Max. „Aber fix!"

In atemberaubender Geschwindigkeit geht es zurück. Durch die Wolken, übers Meer und über Berge, Täler, Wiesen, Felder. Einmal hört man in der Ferne in einem Tal Glocken läuten.

„Der Frühling!", ruft Max erschrocken.

„Klingt wie Kuhglocken!", sagt Dödel.

„Das ist dasselbe", sagt Max. „Es ist ein Zeichen dafür, dass die Kühe wieder auf die Weide dürfen."

Endlich entdeckt Kati in der Ferne die Stadt. Kurz darauf landen sie in der Pappelallee. Die Straße ist vom Schnee geräumt.

„Ihr müsst jetzt zu Fuß weiter!", ruft Max aufgeregt und wendet das Fahrzeug. „Und ich muss in Windeseile zurück! Haltet mir die Daumen, dass ich das schaffe!" Von seiner Stirn rinnen Tautropfen.

„Beeil dich!", ruft Kati. „Und vielen Dank für alles!"

„Bis zum nächsten Jahr!", ruft Dödel.

„Grüße die Eisbären von mir!", schnurrt Herr Schnurz.

„Ich möchte kein Schneemann sein", sagt Kati zu Dödel, als sie wieder im Bett liegen. „Ein Schneemann kann nie in einem warmen gemütlichen Bett liegen und kuscheln."

„Stimmt", sagt Dödel. „Sonst macht er das Bett nass."

Millionen Monde

 Als Max sich das nächste Mal mit seiner Federkissen-Rakete zum Mond träumt, nimmt er eine Kerze und eine Blume im Rucksack mit. Der Mondriese freut sich über die Geschenke. Max findet, dass sein Gesicht längst nicht mehr so blass aussieht, wie beim ersten Besuch.

„Danke!", sagt der Mondriese leise. „So etwas wie dich gibt's nur einmal auf der Welt!"

„Du meinst auf dem Mond?", sagt Max und lacht. „Das ist keine Kunst. Auf dem Mond bin ich ja der einzige Mensch!"

„Auch auf der Erde bist du einmalig!", sagt der Mann im Mond. „Es gibt kein Kind auf der Welt, das genauso ist wie du."

„Auch wenn ich jetzt im Mai eine Schwester kriege oder einen Bruder?

Dann haben Papa und Mama zwei Kinder. Da bin ich doch nicht mehr einmalig?"

Das ist ein Gedanke, der Max im Augenblick sehr beschäftigt.

„Auch dann bist du einmalig", versichert der Mondriese. „Kein Kind gleicht dem anderen. Nicht einmal eineiige Zwillinge. Es ist ein Wunder der Schöpfung, dass viele Dinge ähnlich sind und doch nicht gleich. Es gibt zum Beispiel noch Millionen Monde im Universum. Aber keiner gleicht meinem Mond."

Max überlegt. „Und kein Planet ist wie der Planet Erde?"

„Keiner! So ist es", sagt der Mann im Mond.

„Und auch kein Traum ist wie der andere", überlegt Max.

„Genau. Das hast du ja jetzt erlebt. Und du wirst noch tausend neue Träume träumen. Auch wenn du mich längst vergessen hast."

„Ich werde dich nie vergessen!", sagt Max. „Ich will mir meine Träume merken und aufheben."

„Versuch es!", sagt der Mann im Mond. „Träume bewahren ist eine große Kunst, die nicht vielen Menschen gelingt."

Die Pullovergeschichte

Es war einmal ein kleines Schaf, das fror, weil es frisch geschoren worden war.

„Warum haben sie bloß mein Fell geschoren", beklagte sich das kleine Schaf bei seiner Mutter.

„Die Menschen spinnen", sagte das Mutterschaf.

„Was heißt das?"

„Das heißt, dass sie aus unserem Fell Wolle spinnen."

„Und was machen sie mit der Wolle?"

„Sie stricken Pullover für die Menschenkinder!", sagte das Mutterschaf.

„Ich möchte auch einen Pullover haben", sagte das kleine Schaf.

„Ich habe leider keine Wolle. Außerdem kann ich nicht stricken", sagte die Mutter. „Da musst du schon zur Strickmaus gehen, die wohnt hinter der Eberesche am Bach beim Steg."

Da ging das kleine Schaf zum Bach. Es fand den Steg, die Eberesche und schließlich auch die Strickmaus. Sie saß auf einer Rindenbank vor ihrem Wurzelhaus und strickte.

„Guten Tag, Strickmaus!", rief das Schaf.

„Guten Tag, kleines Schaf!", antwortete die Strickmaus. „Du hast mich richtig erschreckt. Jetzt hab ich eine Masche fallen lassen."

„Soll ich sie aufheben?", erbot sich das Schaf hilfsbereit.

„Nein, nein. Das kannst du nicht. Das muss ich schon selber machen", lachte die Maus. „Ich muss die Masche mit meiner Nadel wieder einfangen."

„Stimmt es, dass du Pullover stricken kannst?"

„Das ist mein Beruf", sagte die Strickmaus.

„Sag mal, könntest du mir einen Pullover stricken?"

„Nun", brummte die Maus. „Im Prinzip schon. Aber es wird ein paar Tage dauern. Du brauchst einen ziemlich großen Pullover!"

„Ich warte gern", antwortete das kleine Schaf. „Er soll nur fertig werden, ehe es richtig kalt wird."

„Das schaffen wir", versicherte die Strickmaus. „Wie soll der Pullover denn aussehen?"

„Oh, blau soll er sein, mit weißen Wolken drauf!", sagte das Schaf. „Vielleicht noch eine gelbe Sonne irgendwo in der Mitte?"

„Kann ich machen!", antwortete die Strickmaus. „Komm in sieben Tagen wieder vorbei!"

Die Maus legte ihr Mäusestrickzeug beiseite. Es war ein Winterschal. Der konnte noch etwas warten. Dann spann sie Wolle und färbte sie blau ein. Etwas weiße und gelbe Wolle hatte sie noch vom letzten Jahr. Dann fing sie an zu stricken. Sie brauchte einen Tag für jeden Ärmel, zwei Tage für den Rücken, zwei Tage für die Vorderseite und einen Tag für den Kragen und die Ärmelbündchen. Dann nähte sie alles zusammen. Genau am siebten Tag war der Pullover fertig.

„Hurra!", rief das Schaf, als es den Pullover sah. Es zog ihn an und lief damit über die Wiese. Die anderen Tiere beneideten das Schaf um den schönen Pullover.

Aber um es zu ärgern, sagte der Fuchs: „Sehr schön, dein Pullover. Aber mir persönlich gefiele er noch besser, wenn er grün wäre, mit Gänseblümchen drauf!"

Die Worte des Fuchses gingen dem Schaf nicht aus dem Kopf. Vielleicht wäre es wirklich schöner, wenn der Pullover grün wäre, mit Gänseblümchen drauf?

Schließlich lief es zur Strickmaus und sagte: „Kannst du auch grüne Pullover stricken?"

„Aber selbstverständlich", antwortete die Strickmaus und sah das kleine Schaf über den Rand ihrer Brille hin an. „Auch einen grünen Pullover mit Gänseblümchen drauf?"

Die Strickmaus sah in ihren Wollkorb. „Ja, das müsste schon gehen! Ich brauche aber mindestens eine Woche Zeit dafür!"

„Danke!", rief das Schaf vergnügt und lief davon.

Die Strickmaus spann Wolle und färbte sie grün ein. Etwas weiße und gelbe Wolle hatte sie noch vom letzten Mal. Dann fing sie an zu stricken. Sie brauchte einen Tag für jeden Ärmel, zwei Tage für den Rücken, zwei Tage für die Vorderseite und einen Tag für den Kragen und die Ärmelbündchen. Dann nähte sie alles zusammen. Genau am siebten Tag war der Pullover fertig.

„Hurra!", rief das Schaf, als es den Pullover sah. Es zog ihn an und lief damit über die Wiese. Die anderen Tiere beneideten das Schaf um den schönen Pullover.

Aber um es zu ärgern, sagte der Dachs: „Sehr schön, dein Pullover. Aber mir gefiele er noch besser, wenn er rot wäre, mit weißen und gelben Schmetterlingen drauf!"

Die Worte des Dachses gingen dem Schaf nicht aus dem Kopf. Vielleicht wäre es wirklich schöner, wenn der Pullover rot wäre, mit Schmetterlingen drauf?

Schließlich lief es zur Strickmaus und sagte: „Kannst du auch rote Pullover stricken?"

„Aber selbstverständlich", antwortete die Strickmaus und sah das kleine Schaf über den Rand ihrer Brille hin an.

„Auch einen roten Pullover mit Schmetterlingen drauf?"

Die Strickmaus sah in ihren Wollkorb. „Ja, das müsste schon gehen! Ich brauche aber mindestens eine Woche Zeit dafür!"

„Danke!", rief das Schaf vergnügt und lief davon.

Die Strickmaus spann Wolle und färbte sie rot ein. Etwas weiße und gelbe Wolle hatte sie noch vom letzten Mal. Dann fing sie an zu stricken. Sie brauchte einen Tag für jeden Ärmel, zwei Tage für den Rücken, zwei Tage für die Vorderseite und einen Tag für den Kragen und die Ärmelbündchen. Dann nähte sie alles zusammen. Genau am siebten Tag war der Pullover fertig.

„Hurra!", rief das Schaf, als es den Pullover sah. Es zog ihn an und lief damit über die Wiese.

„Ehrlich gesagt, der blaue Pullover hat mir doch besser gefallen!", sagte der Fuchs. „Und mir der grüne!", sagte der Dachs.

„Rot-rot-rot!   Grün-grün-grün! Blau-blau-blau!", riefen alle Tiere durcheinander.

Jetzt war das kleine Schaf völlig verwirrt.

„Ihr seid alle ganz blöd und doof!", rief es und lief wütend in den Wald. Es schlüpfte durch Zäune und Hecken. Es sprang über Gräben und Bäche. Weil es nicht aufpasste, blieb es mit dem Pullover an einer Brombeerhecke hängen. Es zog und zerrte. Da trennte sich der Pullover auf. Das Schaf lief weiter und zog den Wollfaden wie eine lange rote Leine hinter sich her. Bis in die Berge hinauf lief es. Es wollte keinen mehr sehen. Weder den Fuchs, noch den Dachs oder eines der anderen Tiere, die es so verspottet hatten.

Es verirrte sich im Gebirge. Als es gegen Abend durch eine Schlucht

klettern wollte, stürzte es ab und verstauchte sich den Knöchel. Da lag es nun. Keiner war da, der ihm helfen konnte. Und keiner hätte es dort gefunden, wenn nicht der lange rote Faden gewesen wäre!

Die Mutter wunderte sich, als das kleine Schaf am Abend nicht nach Hause kam. Sie lief zur Strickmaus. Aber die war auch nicht zu Hause. Die war beim Brombeerpflücken im Wald.
„Das ist doch ein Stück von meiner besten Wolle!", rief die Strickmaus überrascht, als sie den Faden beim Brombeerpflücken entdeckte. Sie lief dem Faden nach und fand endlich das kleine Schaf. Das heulte dicke Schafstränen und erzählte der Strickmaus, was geschehen war.
„Glück im Unglück!", sagte die Maus. „Im Grunde war es egal, welche Farbe der Pullover hatte. Jedenfalls hat dir der Faden das Leben gerettet. Wer weiß, ob dich sonst jemand gefunden hätte?"
Die nächste Rettungsstation war bei den Bibern am Bergbach. Die Strickmaus lief hin und holte Hilfe. Zwei kräftige Biber kamen. Sie schienten das Bein und trugen das kleine Schaf auf einer Tragbahre zur Krankenstation. Dort bekam es einen Gipsverband.
„Wie froh bin ich, dass du wieder da bist, kleines Schaf!", sagte die Mutter, als das Schaf wieder zu Hause war. Sie machte ihm das Bett und kochte ihm Kräutertee. Dann strich sie ihrem Kind über den Kopf

und sagte: „Ein dummes kleines Schaf wie du sollte sich seinen Pullover selbst wachsen lassen und sich einen Teufel drum scheren, was die anderen davon halten!"

Am nächsten Tag kam die Strickmaus vorbei und sagte: „Weißt du was, ich werde dir noch einen Pullover stricken. Er wird gerade fertig sein, wenn du wieder gesund bist."

Und dann setzte sich die Strickmaus neben das Bett des kleinen Schafes. Sie hatte ihren Strickkorb mit allen Wollresten dabei. Sie strickte einen Pullover, ganz nach ihrer eigenen Fantasie: ein bisschen rot, ein bisschen blau, ein bisschen grün und ein bisschen schwarz. Dazwischen fügte sie einen kleinen gelben Schmetterling ein oder ein Gänseblümchen. So, wie es ihr gerade in den Sinn kam. Sie strickte ihre ganze Liebe und Sorge um das kleine Schaf mit hinein. Deshalb wurde es der schönste Pullover der Welt.

Häuptling Truthahnfeder

 Es ist der heißeste Tag im August. Kim ist bei Lars zur Reitstunde, wie fast jeden Morgen. Opa, Jonas und Julia holen sie dort ab.

„Ich hab was für euch!", sagt Lars und gibt Jonas und Julia ein Bündel wunderschöner Truthahnfedern.

„Richtige Häuptlingsfedern!" Jonas ist begeistert. „Damit können wir prima Indianer spielen."

„Waaas? Bei der Hitze?", sagt Opa Tom und wischt sich die Schweißperlen von der Stirn.

„Ich bin Häuptling Truthahnfeder!", ruft Jonas. Er steckt sich die Federn ins Haar und tanzt um die anderen herum.

„Und ich Häuptling Schwarzes Pferd", sagt Kim.

„Zwei Häuptlinge geht nicht", sagt Jonas.

„Immer muss Jonas der Häuptling sein", beschwert sich Julia. „Und ich die Frau."

„Das heißt Squaw", verbessert sie Jonas.

„Na gut. Die Squaw will ich sein", sagt Opa Tom versöhnlich. „Dann muss ich nicht auf Kriegspfad. Ich heiße Weiße Eule."

„Ich könnte ein Anschleicher sein", sagt Julia. „Schau mal, wie ich schleichen kann." Sie macht es vor.

„Das kannst du wirklich gut", sagt Weiße Eule. „Du bist der Anschleicher Sandsandale."

„Es heißt aber Kundschafter", verbessert Häuptling Truthahnfeder.

„Und was bin dann ich?", sagt Kim.

„Wir brauchen noch einen Medizinmann. Der kriegt die schöne

Muschelkette mit den kleinen Federn, die wir gestern aufgefädelt haben", sagt Weiße Eule.

„Na gut. Dann bin ich eben nicht Häuptling, sondern Medizinmann Schwarzes Pferd", sagt Kim. „Ich werde Häuptling Truthahnfeder beraten, so gut ich kann."

„Wir könnten nachts auf Kriegspfad gehen und ein Lagerfeuer am Strand machen. Nachts ist es nicht so heiß", schlägt Weiße Eule vor.

„Weiße Eule hat Recht", sagt Schwarzes Pferd. „Ich werde fragen, ob wir das Pony Momo mitnehmen dürfen. Das kann die Sachen tragen. Und mich."

Lars hat nichts dagegen, dass Momo einen Nachtausflug macht. „Braucht ihr noch einen Wigwam?", erkundigt er sich bei den Indianern. „Ich glaube, ich hab da noch ein altes Zelt in der Scheune. Darin könnt ihr heute Nacht am Strand schlafen."

„Jappadappadu!", ruft Sandsandale begeistert. Am Strand übernachten! Mit Pony und Zelt! Medizinmann Schwarzes Pferd und Häuptling Truthahnfeder tanzen vor Freude.

„Jetzt lasst uns überlegen, was wir alles brauchen", sagt Weiße Eule.

„Was zu Essen", ruft Sandsandale.

„Decken und eine Lampe", überlegt Schwarzes Pferd.

„Holen wir das Zelt und die Zeltstangen", sagt der Häuptling.

Gegen sechs Uhr machen sie sich auf den Weg zum Strand. Weiße Eule hat einen schönen Lagerplatz am Rand eines Kiefernwäldchens ausgesucht. Ganz nah am Strand und doch ein bisschen windgeschützt.

„Howgh, meine roten Brüder", sagt Häuptling Truthahnfeder. „Als Erstes stellen wir das Zelt auf."

Jonas hat schon einmal bei seinem Freund im Garten übernachtet. Wie ein Zelt aufgebaut wird, weiß er ganz gut. Und die anderen helfen mit. Dann sammeln sie Steine und bauen einen Ring für das Lagerfeuer, damit der Wind die Glut nicht wegwehen kann. Während Weiße Eule Würstchen auf Stecken spießt, gibt Medizinmann Kim dem Pony Momo zu trinken. Sie hat Momo nach einem kurzen Ritt durch das flache Uferwasser an einem Baum im Schatten des Kiefernwäldchens angebunden.

Dann setzen sich die Indianer um das Lagerfeuer und grillen Würst-chen, Äpfel und Brotscheiben. Die Sonne ist längst untergegangen, als sie mit dem Essen fertig sind.

Jetzt holt Weiße Eule ein Indianerbuch aus der Satteltasche, setzt die Lesebrille auf und liest spannende Indianergeschichten vor. Der Him-mel wird immer dunkler blau und die Sterne funkeln, wie sie nur in den Bergen oder am Meer funkeln, wo die Luft klar ist.

„Eine Sternschnuppe!", ruft Sandsandale aufgeregt und zeigt in den Himmel.

„Und da ist noch eine!", ruft Häuptling Truthahnfeder.

„August ist der Sternschnuppenmonat", sagt Weiße Eule.

„Und bei jeder Sternschnuppe darf man sich was wünschen", sagt Medizinmann Schwarzes Pferd.

„Wisst ihr, was ich mir gewünscht habe?", fragt Sandsandale.

„Pssst! Das darf man doch nicht verraten, sonst geht der Wunsch nicht in Erfüllung", flüstert Weiße Eule.

Als die Vier dicht gedrängt wie die Heringe nebeneinander im Zelt lie-gen, können sie lange nicht einschlafen. Draußen rauscht das Meer. Dann hört man den Wind in den Kiefern. Grillen zirpen. Ein Nacht-vogel fliegt vorbei.

„Die Nacht redet", sagt Weiße Eule. „Sie redet immer mit uns. Bloß hören wir es sonst nicht."

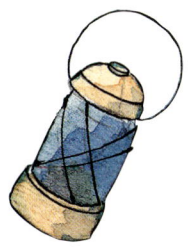

Quellenverzeichnis

Die Geschichten und Illustrationen **Die Hosenträgergeschichte, Der Mops geht hops, Die Lampengeschichte, Die Pullovergeschichte** sind alle aus: Ursel Scheffler, *Geschichten von der Maus für die Katz.* Mit Bildern von Barbara Moßmann © KeRLE im Verlag Herder, Freiburg, Wien 1992.

Die Geschichten und Illustrationen **Der vergessliche Löwe, Der Buddelhund, Das Mondkalb, Das Steinbeißermonster** sind alle aus: Ursel Scheffler, *Jeff und Molly.* Geschichten zum Mutmachen. Mit Bildern von Barbara Moßmann, erschienen im Verlag Herder, Freiburg 1994. © by Ursel Scheffler.

Die Geschichten und Illustrationen **Der Mondkutschentraum, Der Wunschfedertraum, Der Schneeflockentraum** sind alle aus: Ursel Scheffler, *Katis Traumkistchen.* Gutenachtgeschichten. Mit Bildern von Barbara Moßmann, erschienen im Verlag Herder, Freiburg 1995. © by Ursel Scheffler.

Einbandillustration: Jutta Timm
Einbandgestaltung und Layout: Weiß – Grafik & Buchgestaltung, Freiburg

Alle Rechte vorbehalten – Printed in Italy
© KeRLE im Verlag Herder, Freiburg im Breisgau 2004
www.kerle.de
Druck und Einband. L.E.G.O. Olivotto S.P.A., Vicenza 2004

ISBN 3-451-70607-5